MÁRIO SCHENBERG

ARTE E TECNOLOGIA

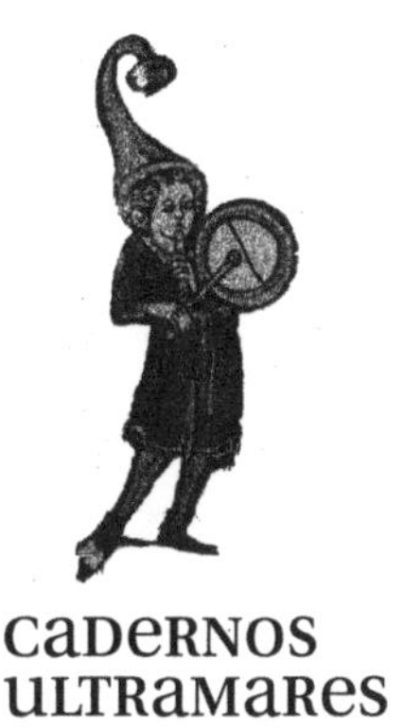

CADERNOS
ULTRAMARES

ORGANIZAÇÃO E PROJETO GRÁFICO

Marcos Lacerda, Ana Paula Simonaci e Sergio Cohn

CONSELHO EDITORIAL

André Botelho

Bernardo Esteves

Boaventura de Souza Santos

Evelyn Goyannes Dill Orrico

Fréderic Vanderberghe

José Luis Garcia

Maria João Cantinho

Renato Rezende

Teresa Arijón

Vagner Amaro

ISBN 9786586962697

azougue press |
coordenação geral Sergio Cohn
coordenação editorial
Sergio Cohn — Darien Lamen — Cristián Jiménez Plaza
Brasil | CNPJ 12.272.339/0001-26
Portugal | Oca Editorial NF 515805394
USA | E. Id. 803650511
Chile | Tucán Ediciones RUT 77.369.106-1

A proposta dos Cadernos Ultramares é transpor fronteiras. Não apenas geográficas, com a edição de um amplo panorama do pensamento brasileiro para o público português, mas também entre as áreas do saber, criando uma coleção transdisciplinar, acessível não apenas para leitores especializado, pesquisadores e acadêmicos, como para interessados em geral.

Para isto, os Cadernos Ultramares privilegiam a leveza do ensaio, a "brigada ligeira", utilizando-se de um gênero marcado pela abertura e experimentação, uma forma privilegiada para a proposição e a apresentação de interpretações da cultura e da sociedade. Nos últimos anos, o gênero ensaio tem sido revalorizado como um importante meio de diálogo entre a pesquisa acadêmica e a sociedade.

O Brasil possui uma produção riquíssima de pensamento em diversas áreas, que vão da física à antropologia, da matemática às artes. Os Cadernos Ultramares, ao trazerem importantes textos de alguns dos nossos mais renomados pensadores, sejam clássicos ou contemporâneos, busca possibilitar ao leitor um olhar amplo e qualificado sobre essa produção.

Interessa-nos a constituição de um diálogo entre áreas, de uma conversa aberta que escape das armadilhas do pensamento especializado e do produtivismo acadêmico. Interessa, antes de tudo, a valorização do encontro do leitor com o sabor do texto, do prazer da leitura e da troca livre de pensamento.

apresentação

POR SERGIO COHN

Mário Schenberg (1914-1990) é uma das personalidades mais interessantes surgidas no Brasil do século XX, tendo atuado de forma relevante e original em diferentes áreas da nossa sociedade: a ciência, a política e o pensamento da cultura.

Figura inquieta, capaz de se movimentar com liberdade em diferentes contextos, Schenberg é considerado o maior físico teórico do Brasil, com contribuições importantes na área e colaborações com grandes cientistas brasileiros, como José Leite Lopes e César Lattes, e estrangeiros, como Enrico Fermi, Wolfgang Pauli e Frédéric Joilot-Curie. Segundo Schenberg,

> Eu trabalhei, sobretudo, no campo da física teórica, embora tivesse participado também de alguns trabalhos de física experimental e de trabalhos de matemática relacionados com a física. Meus dois trabalhos que tiveram maior repercussão foram feitos, um com Su-

brahmanyan Chandrasekhar sobre a evolução do sol e de outras estrelas semelhantes, e outro com George Gamow sobre as estrelas supernovas, mais conhecido como Processo Urca.

O Processo Urca, concebido em 1940, foi assim denominado após uma brincadeira de Schenberg:

> Fui para Washington onde estava Gamow, que eu já conhecia do Brasil. Gamow estava interessado em elucidar a possibilidade de colapso das supernovas. Poucos dias depois de ter chegado a Washington, comecei a estudar os cálculos de mecânica estatística e vi que não levavam em conta a existência do neutrino. A ideia da existência do neutrino era recente, tinha sido sugerida por Pauli e por Fermi. A energia era consumida no centro das estrelas com a emissão de neutrinos, e eu disse que se dava com uma rapidez tão grande quanto a do desaparecimento do dinheiro na mesa de roleta do cassino da Urca. Daí Gamow ter chamado o fenômeno de Processo Urca.

Um ano depois, foi descoberto o Limite de Chandrasekhar-Schenberg, um trabalho de grande importância na astrofísica, estabelecendo a massa máxima que o núcleo de uma estrela pode suportar sobre as camadas de sobreposição contra um colapso gravitacional, uma vez que o centro do hidrogênio é exaurido.

Em paralelo ao seu trabalho como cientista, Schenberg exerceu desde muito cedo a atuação política:

> Meu interesse pela política surgiu quando eu tinha uns dez anos, na época da Coluna Prestes e da Aliança Liberal. Eu ouvia os discursos do Maurício de Lacerda, do Assis Brasil. Não sei explicar o motivo, mas já naquela época tinha um interesse muito grande pelas coisas da China. Lia as notícias sobre o que ocorria lá nos jornais. Era um interesse político. Em 1929, tive os primeiros contatos com ideias marxistas, por meio de uma revista chamada *Cultura*, publicada, se não me engano, pelo Francisco Mangabeira. Ele defendia certas teses marxistas. Foi o que me levou ao marxismo como uma filosofia da história, explicação de fatos sociais. Li muito sobre história. Preferia história aos romances e ela continua sendo para mim um assunto de muita reflexão, para que se possa procurar uma intuição

do que acontecerá, de como as coisas se desenvolverão, de procurar entender os acontecimentos.

A política teve papel central na vida de Schenberg. Filiado ao Partido Comunista Brasileiro, foi eleito duas vezes deputado estadual em São Paulo. Sua militância marxista o levou a ser preso e cassado na ditadura do Estado Novo e depois do golpe civil-militar de 1964. Em entrevista de 1978, Schenberg relembrou da sua atuação política:

> Sempre tive o ideal de desenvolver a minha personalidade de maneira multilateral. É claro que, até para ganhar a vida, tinha de ter alguma profissão e a minha sempre foi a de físico. Quanto à política, acho que é indispensável tomar posição nesse terreno, o que não significa ser um político profissional. Tenho tido atuação política, mas ligada a posições éticas. Para mim é um imperativo moral tomar posição diante dos acontecimentos. Mais caracterizadamente, sempre fui um nacionalista. Por exemplo: é uma coisa pouco sabida, mas quem começou a campanha de "O petróleo é nosso." aqui em São Paulo fui eu, uma

semana depois de o general Horta Barbosa ter lançado o movimento no Rio. Na ocasião era deputado estadual e fiz vários discursos sobre esse tema. Tive uma atuação muito grande também na campanha em defesa dos minerais atômicos, desencadeada pelos cientistas logo depois da posse de Juscelino Kubitschek, durante uma reunião da SBPC no Rio. Dessa luta nasceu a proibição de exportação dos minerais atômicos. Enfim, tenho procurado manifestar-me, sempre que posso, sobre todos os grandes problemas nacionais.

Essa preocupação com a participar dos debates nacionais de forma multipla e aberta o levou, estimulado por Mário Pedrosa, a enveredar na crítica de arte. Schenberg sempre manteve grande interesse na área, e conviveu com artistas brasileiros de diversas gerações, desde modernistas como Di Cavalcanti, Lasar Segall, Alfredo Volpi e Cândido Portinari até contemporâneos como Lygia Clark e Hélio Oiticica.

Coerente com sua postura nacionalista, Schenberg era atento também à arte popular e indígena. É o caso, por exemplo, da sua valorização do trabalho do artista primitivista baiano Waldomiro de Deus, a quem atribuía uma obra em que "é possível encontrar documentos importantíssimos para a história da cultura popular brasileira". Schenberg declarava que "a crítica erudita aqui no Brasil não deu nunca a Waldomiro de Deus o devido valor, nem se deu conta da riqueza de informação da sua obra, que despertou interesse de nomes internacionais como Henry Miller e Roman Jakobson". Segundo Schenberg, essa incapacidade crítica era consequência de um certo elitismo de nosso meio cultural:

> Aqui no Brasil há uma separação muito grande entre o artista de origem popular e os intelectuais vindos da classe média com formação cultural muito europeia, e ultimamente também norte-americana, e que não tem muita compreensão dos problemas do povo, da maneira do povo sentir. Agora, esse é um potencial artístico muito grande para a criação de uma arte brasileira do futuro. E foi por isso, por exemplo, que a influência da Bienal foi em geral ruim, porque jungiu muito a arte brasileira com as correntes dominantes no cenário internacional, que eram exatamente a arte dos países capitalistas mais adiantados. Tudo o que não se encaixava naqueles moldes não era arte importante, era uma coisa secun-

dária. Não se compreendeu que havia determinadas obras de arte brasileira que eram de
nível perfeitamente comparável com as coisas boas de fora.

Esse interesse em buscar elementos autóctones
para a arte brasileira o aproxima novamente de Mário
Pedrosa e seu projeto do Museu das Origens, onde se
reuniria arte indígena, arte negra, arte popular, arte
virgem (do inconsciente) e arte moderna:

Aqui no Brasil houve uma subestimação da
arte indígena. Agora o Pedrosa está se batendo muito por isso, mas é muito recente o
interesse por essas coisas. A importância da
arte indígena brasileira já foi reconhecida na
Europa, e mesmo em certos livros de arte se
encontram reproduções de coisas dos índios
brasileiros. E eu acho que as coisas mais sé-
rias do Brasil em matéria de arte foram feitas
pelos índios, não pelos brancos.
Eu tenho uma convergência com o Pedrosa
quanto à arte plumária, só que o o meu interesse pela arte indígena é anterior ao dele.
Entre todas essas manifestações populares,
naturalmente a dos índios é a mais autêntica

de todas. Eu já estava muito interessado nisso
desde a década de 1960, talvez mesmo antes,
não me lembro. Mas há um problema aqui no
Brasil: a influência de fora é muito grande, e o
brasileiro não sabe apreciar a beleza de certas
coisas que até são valorizadas fora daqui.

Sempre múltiplo, Schenberg soube conciliar esse interesse com a relação com a arte contemporânea, convivendo com artistas dos movimentos concreto e neoconcreto, por exemplo. Ou até na literatura, refletindo em primeira hora sobre a obra de autores como Hilda Hilst, Jorge Mautner e José Agrippino de Paula.

Schenberg exerceu, durante a sua vida, longas conversas e trocas com artistas e pensadores, que foram de grande influência em suas obras. Ao aproximar a relação entre arte e ciência, por exemplo, criou ressonâncias em obras como o livro *A Máquina do Mundo Revisitada*, de Haroldo de Campos e o disco *Quanta*, de Gilberto Gil.

O texto aqui reproduzido, "Arte e Tecnologia", é exemplar no trabalho crítico de Schenberg: ao mesmo tempo que cria um panorama da relação entre tecnologia e arte moderna, abre interessantes reflexões sobre artistas contemporâneos, sendo capaz de abranger desde a arte cinética até a psicodélica, mostrando uma capacidade incomum de pensar a tecnologia no sentido amplo.

O texto, publicado originalmente no livro *Arte Hoje*, organizado por Ferreira Gullar em 1973, é seguido de duas conversas de Schenberg com interlocutores da arte: a primeira, "Parafísica", com Haroldo de Campos, autor do belo poema em sua homenagem com o mesmo título: "No espaçocurvo nasce um crisantempo". O segundo, com Gilberto Gil, Jorge Mautner e José Luiz Goldfarb, abrange, para além de política, arte e ciência, outra dimensão constante do pensamento de Schenberg: o interesse por expressões religiosas como o candomblé e o budismo.

Schenberg considerava que a filosofia oriental é um monumento do pensamento humano e que "os orientais, em geral, se preocupam muito com a parte teórica e filosófica da arte, muito mais que o Ocidente, possuem uma compreensão muito profunda e muitos aspectos de sua arte antecendem em séculos seus equivalentes europeus". Mas não era só o pensamento e que lhe interessava. Gostava de ir aos templos budistas ouvir os sinos. Havia, como em tudo em Schenberg, uma grande apreciação estética.

Este volume dos Cadernos Ultramares apresenta algumas facetas de uma das personalidades mais

complexas e fascinantes de nossa cultura — e que
hoje faz tanta falta, num mundo cada vez mais apar-
tado em disciplinas.

arte e TECNOLOGia

I. Introdução

1. O impacto da tecnologia sobre as manifestações artísticas vem se fazendo sentir fortemente há bem mais de um século. Sem dúvida podemos considerar que a descoberta da imprensa e das técnicas da gravura a ela ligadas representam a primeira contribuição direta importante da tecnologia para o desenvolvimento artístico nos tempos modernos. É interessante observar que ela se relaciona com a criação do primeiro meio de comunicação de massa da civilização ocidental.

Durante o século XIX, a descoberta da fotografia e depois do cinema abriram o caminho para o aparecimento de duas modalidades artísticas, que se tornariam fundamentais no século XX, sobretudo depois de combinadas com a tecnologia da gravação do som e a da sua produção eletrônica. A tecnologia fotográfica, por sua vez, repercutiu consideravelmente sobre a imprensa.

Além das influências diretas da tecnologia sobre a arte no século XIX, houve também as indiretas como a que a fotografia começou a exercer sobre a visão dos pintores desde a época do impressionismo. Por outro lado, o desenvolvimento tecnológico esteve sempre associado ao da industrialização, que alterou toda a vida humana a partir da Primeira Revolução Industrial iniciada no século XVIII. Daí resultaram variadíssimas influências sobre a arte. Para mencionar apenas uma: o aparecimento dos cartazes publicitários, que tanto afetariam a pintura do século XX. Aliás, a fotografia e o cinema logo adquiriram o caráter de artes estreitamente ligadas ao processo industrial. No século XX a indústria cinematográfica tornou-se uma das mais importantes nos países altamente industrializados e até mesmo em alguns dos subdesenvolvidos.

No decorrer do século XIX, o desenvolvimento tecnológico foi dependendo cada vez mais da pesquisa científica pura e aplicada. O primeiro exemplo de uma tecnologia básica decorrente de pesquisas científicas puras foi o da eletricidade. O desenvolvimento da luz elétrica e dos motores elétricos adquiriu uma importância enorme para a arte do século XX. Por outro lado, a eletricidade levou ao telégrafo, ao telefone e, através das ondas eletromagnéticas, ao rádio e à televisão. O desenvolvimento da eletrônica no século XX desempenhou um papel decisivo no rádio e na televisão e abriu toda uma série de possibilidades novas que conduziram à Segunda Revolução Industrial.

2. A Primeira Revolução Industrial, iniciada no século XVIII, caracterizou-se pela substituição do trabalho físico dos homens e dos animais por trabalho mecânico. Na primeira fase o papel fundamental coube à máquina a vapor, que permitiu a criação das ferrovias e da navegação a vapor, além de servir de motor para variadas máquinas operatrizes. Na segunda fase da primeira Revolução Industrial, iniciada no fim do século XIX, começou a aplicação em larga escala dos motores elétricos e o desenvolvimento intensivo dos meios elétricos de comunicação. Houve também a introdução dos motores de explosão e combustão interna, que levaram ao automóvel e ao avião. As indústrias químicas começaram a adquirir grande importância, permitindo a fabricação de numerosos produtos e matérias-primas.

A Segunda Revolução Industrial, iniciada no século XX, caracteriza-se pela utilização de máquinas para a substituição de algumas formas de trabalho mental. O seu instrumento fundamental é o cérebro ou computador eletrônico, cujas aplicações vão se tornando familiares em quase todos os ramos da atividade humana, inclusive na arte. Essa Revolução Industrial só se tornou sensível após a Segunda Guerra Mundial. Pode ser considerada como a Revolução Industrial Cibernética. Abriu o caminho da astronáutica e da automação. Os computadores tornaram possível os desenvolvimentos mais requintados da tecnologia nuclear, como a bomba termonuclear.

A tecnologia química adquiriu uma importância excepcional na segunda metade do século XX, suplantando, em certos casos, a metalurgia, com a produção de numerosos tipos de materiais e produtos novos. Os chamados plásticos vão se tornando os materiais mais empregados, substituindo metais e outros materiais tradicionais. Os materiais sintéticos abriram novas e interessantes possibilidades para a arte, permitindo uma renovação da escultura. Cabe destacar também a importância da indústria farmacêutica, não só pelas extraordinárias contribuições para a medicina, como pela produção de drogas que afetam o psiquismo humano. Essas drogas influenciaram notavelmente o surto da arte psicodélica.

3. São numerosos os indícios de que nos aproximamos de uma Terceira Revolução Industrial de caráter bioquímico. Há experiências importantes para a produção sintética de alimentos em escala industrial utilizando a ação de microrganismos sobre o petróleo. A descoberta dos mecanismos de ação da clorofila

também terá necessariamente repercussões industriais na produção de alimentos. Por outro lado, parecem encorajadoras as perspectivas da produção de substâncias que atuem sobre a memória e a aprendizagem.

Parece razoável esperar que num futuro próximo sejam fabricados produtos com ação benéfica sobre as funções intelectuais e psíquicas, não apenas sobre a memória mas também sobre a percepção e o raciocínio. O processo da genética permite prever a possibilidade de influenciar bioquimicamente o patrimônio hereditário da espécie, não só eliminando disposições mórbidas como aperfeiçoando as qualidades físicas e mentais.

A possibilidade de ampliação das faculdades perceptivas do homem, sem inconveniente para a saúde, abriria perspectivas para a arte, talvez profundamente revolucionárias e não apenas do ponto de vista artístico.

4. Os êxitos surpreendentes obtidos pela pesquisa científica pura e aplicada influenciaram profundamente a mentalidade contemporânea e afetaram de modo essencial muitas das atitudes e valores tradicionais. Hoje, o espírito de pesquisa e inovação sistemática triunfa em todos os campos da atividade humana, substituindo o respeito supersticioso pelos valores e ideias tradicionais que dominavam noutras épocas.

Surgiu uma atitude de crítica e contestação permanente baseada numa valorização focalizada sobre o futuro.

O impressionismo iniciou o período de pesquisa em arte, com influência clara da mentalidade científica e mesmo de uma teoria física das cores. O expressionismo, o cubismo, o futurismo, o dadaísmo, o construtivismo e o surrealismo consolidaram o espírito de pesquisa no começo do século XX. Após a Segunda Guerra Mundial, as pesquisas e as transformações da arte adquiriram um ritmo ainda mais rápido com o abstracionismo informal, o concretismo, o superrealismo pop, a op, a arte cinética, a arte minimal, o realismo mágico e fantástico, a *serendipity* e outros movimentos vários. Nos últimos anos surgiram importantes correntes de contestação relacionadas com a chamada contracultura dos jovens, que se caracteriza por um tipo de crítica muito radical, visando uma fusão da arte com a vida, num sentido de refutação da sociedade de consumo e dos seus valores.

Apesar do espírito de pesquisa e de inovação ter vindo do campo da tecnologia e da ciência, é extremamente digno de nota que, no domínio da arte contemporânea, as tendências inovadoras têm muitas vezes tomado um sentido antitecnológico, de acordo com o sentimento da contracultura dos jovens, pouco simpática à atual civilização tecnológica.

II. Arte e ciência

1. No atual momento histórico é importante distinguir as relações entre arte e ciência das que existem entre arte e tecnologia, apesar das relações entre a ciência e a tecnologia serem hoje mais estreitas do que no passado. Isso se torna necessário por motivos puramente metodológicos e sobretudo porque muitas das críticas feitas contra a civilização industrial atingem de modos essencialmente diversos a ciência pura e a tecnologia, esta mais ligada aos valores do capitalismo e da sociedade de consumo do que aquela. Uma revolução profunda nas bases da civilização ocidental afetará mais seriamente a sua orientação tecnológica do que as suas ciências naturais ou mesmo do que algumas ciências humanas.

Os resultados da ciência de uma época influenciam basicamente a sua visão do mundo, da sociedade e do homem. Por isso repercutem intensamente sobre a sua arte, de modo direto ou indiretamente através das suas ideologias e filosofias. Muitas vezes, ideias semelhantes surgem independentemente em ciência e arte, numa convergência impressionante.

Um dos aspectos mais característicos da arte do século XX reside na continuidade ininterrupta das manifestações fantásticas, mágicas e realistas. Essa tendência foi, em parte, independente do surto da psicanálise e outras formas da psicologia do inconsciente, mas também recebeu forte estímulo desses desenvolvimentos da psicologia moderna.

A física do século XX caracteriza-se pelo emprego em larga escala de métodos probabilísticos estatísticos (mecânica estatística, movimento browniano etc.). Com o desenvolvimento da física atômica, a descrição probabilista substituiu o antigo determinismo da física newtoniana (mecânica dos quanta). A utilização sistemática de efeitos do acaso e de estruturas probabilistas constitui uma das tendências mais significativas da arte e da música de vanguarda de hoje.

Há um paralelismo notável entre o surto das tendências abstracionistas na arte desde o começo do século e a reformulação abstrata da matemática contemporânea. Aliás, a arte do século XX revelou um interesse permanente pelas formas geométricas e pelos problemas espaciais, sem precedentes desde a Renascença.

A teoria da informação e a ciência da comunicação vêm exercendo uma influência crescente no pensamento artístico, assim como a semiologia. A concepção da arte como um processo simbólico de comunicação vem se precisando desde o começo do século e desempenhou um papel importante no desenvolvimento do abstracionismo, do dadaísmo, do surrealismo e do pop.

A antropologia já vai exercendo uma influência ponderável sobre alguns dos artistas e teóricos de vanguarda. Várias atividades artísticas recentes se relacionam com rituais de iniciação, e outros, de povos primitivos. A antropologia poderá fazer compreender melhor a natureza de manifestações da contracultura dos *hippies* e outros agrupamentos de jovens que se relacionam com tendências importantes da arte de hoje.

2. As relações entre as ciências sociais e históricas e a arte adquirem uma importância particular no momento atual, em que surgem várias manifestações pujantes de realismo, depois das experiências do neodadaísmo, do pop e outras congêneres. O realismo artístico de tendência social e política encontrou formas de expressão adequadas e recebeu motivação poderosa dos movimentos de contestação dos jovens e intelectuais.

Essas questões são de relevância primordial para o desenvolvimento da arte realista brasileira. Apesar de resultados encorajadores obtidos há alguns anos, o realismo ainda não atingiu, em nossas artes plásticas, o vigor que vem revelando no teatro e no cinema. O emprego de novos materiais e recursos tecnológicos poderia contribuir decisivamente para elevá-lo a um nível mais alto, como já mostraram Gerchman, Vergara, Antonio Manuel, Aguilar e outros. Talvez falte, sobretudo, uma compreensão mais aprofundada da perspectiva histórica mundial e das suas repercussões sobre a América Latina e principalmente sobre o Brasil. Nessa pesquisa os cientistas sociais, os filósofos da cultura e da história e os artistas de todos os campos devem colaborar necessariamente.

Não estamos mais numa época de revoluções puramente políticas, sociais e tecnológicas. A dinâmica histórica já revoluciona os próprios alicerces da cultura ocidental. Assim as contribuições revolucionárias para os fundamentos da cultura mundial em criação podem exceder em importância as de qualquer outro gênero. Em nossos dias não se pode julgar a importância efetiva de um povo pelo produto nacional bruto, pela renda nacional *per capita* e nem mesmo pelo nível tecnológico e científico. É preciso avaliar a sua capacidade de criação cultural radicalmente inovadora. Alguns países tecnologicamente pouco desenvolvidos podem até estar em condições favoráveis para isso, como já vem acontecendo há algumas décadas.

Uma arte realista brasileira deve abrir-se audaciosamente para o nosso futuro de centro criador da nova cultura mundial, provavelmente um dos mais importantes. Não pode ser altamente significativa se permanecer sempre num plano exclusivamente crítico do nosso subdesenvolvimento, perdendo a intuição de um dos elementos essenciais da dialética da história neste momento crucial. O mesmo vale naturalmente para os nossos estudos sociais.

III. Modificações do conceito de arte

1. A tecnologia e a ciência levaram a modificações essenciais tanto das formas de expressão artística como do próprio conceito da arte no decorrer deste século. Tradicionalmente o artista produzia as suas obras como um artesanato especial, de modo que a sua capacidade era em grande parte avaliada pela sua habilidade técnica, havendo desinteresse pelos valores de espontaneidade e ingenuidade. No Extremo Oriente isso foi menos verdade devido à influência do Zen.

Hoje, a criação artística aparece claramente separada de qualquer habilidade técnica, quando o escultor pode "fazer" esculturas por telefone, transmitindo as instruções para a fábrica onde são executadas. Mesmo quando não procede assim, o artista pode fazer *assemblages* e outros tipos de obras sem necessitar de grande habilidade técnica, utilizando objetos ou detritos da civilização industrial. A criação da obra de arte aparece agora essencialmente como a elaboração de um projeto, que pode ser eventualmente realizado pela indústria num exemplar único ou em múltiplos. O projetista não necessita conhecer os detalhes da técnica de fabricação: há uma divisão do trabalho.

Com a introdução dos computadores, o próprio ato de criação pode não ser realizado inteiramente pelo artista: basta que um esboço mais ou menos incompleto seja introduzido no computador provido de uma programação adequada. Assim, o artista pode dispensar eventualmente conhecimentos técnicos essenciais para a elaboração do simples projeto, que são fornecidos pela memória do computador. É em princípio possível que a programação inclua a eventualidade de uma alteração futura do projeto pelo computador, levando em conta opiniões críticas apresentadas.

Aliás, o computador pode não apenas completar o projeto do artista como também executá-lo com bastante facilidade no caso de certos tipos de desenhos ou pinturas. Noutros casos o computador precisaria de comandar um conjunto autômato de máquinas operatrizes. Assim, surgem novas possibilidades de "democratização" da criação de obras de arte, pela diminuição da capacitação técnica tanto para a sua execução como para a sua criação em projeto.

A fotografia e o cinema já há muito permitiram a realização de obras de arte interessantes a pessoas desprovidas de uma capacitação técnica especializada, como a que é requerida pelas artes plásticas tradicionais. Agora, outras possibilidades novas são abertas para os não artesãos dotados de criatividade artística. Na realidade, o que acontece com a arte é apenas um caso especial de uma tendência bastante geral da tecnologia moderna em diminuir a necessidade de capacitação especializada, se bem que exigindo uma elevação do nível geral de conhecimentos e da avaliação crítica.

2. Na civilização tecnológica contemporânea adquire importância cada vez maior a comunicação. A intensificação dos meios de comunicação progride mais rapidamente que a produção dos bens. Isso conduziu a uma nova concepção dos processos sociais que salienta a importância básica da transmissão das informações e da comunicação em todas as atividades humanas. Hoje, a importância da transmissão das informações começa a se tornar uma ideia científica fundamental, mesmo fora das ciências humanas e sociais. Basta recordar os resultados magníficos da biologia molecular com a descoberta de que a própria vida se baseia na transmissão de informação entre as grandes moléculas orgânicas, regulada pelo código genético.

O conceito de transmissão de informação se estende cada vez mais nas ciências naturais. Talvez se torne tão básico quanto o de energia na ciência do futuro, desde a física até as ciências humanas e sociais. A retroação, base da cibernética, pode ser vista como baseada sobre uma espécie de transmissão de informação.

A consideração da arte como processo de comunicação levou a uma transformação profunda do conceito de obra de arte. Estamos ainda longe de compreender devidamente todas as consequências dessa mudança de ponto de vista. Ficou, porém, claro que a obra de arte é um instrumento do processo de comunicação artístico: o suporte material da comunicação. Daí resulta uma consequência surpreendente: qualquer objeto que serve de suporte material para uma comunicação artística funcionar como obra de arte. Concebivelmente, qualquer objeto pode fazê-lo e se tornar obra de arte. Ser obra de arte é uma função num processo de comunicação, não propriedade intrínseca de uma coisa.

Marcel Duchamp teve o mérito genial de compreender que objetos comuns podiam funcionar como obras de arte. Não sei se alcançou a tese precedente em toda a sua extensão, mas certamente nos conduziu a ela. Essa foi a revolução mais profunda da arte em nosso século. Marcel Duchamp realizou-a pela sua sensibilidade para o poder expressivo dos objetos da produção industrial, particularmente adequados às vivências do ambiente contemporâneo, assim como os novos materiais.

O objeto funcionando como obra de arte pode ser uma estrutura de raios luminosos, como as que são hoje frequentemente empregadas. Poderia ser também uma estrutura de raios invisíveis que não impressionasse os nossos sentidos, mas agisse sobre o nosso corpo, determinando processos mentais conscientes: raios infravermelhos, ultravioletas, ultrassons etc.

O objeto funcionando como obra de arte não deve ser necessariamente artificial. Pode ser uma pedra, um ser humano ou toda uma paisagem. Uma das tendências mais importantes da arte de vanguarda é usar o corpo humano como obra de arte. É também frequente a "apropriação" da paisagem na arte ambiental. Os animais vivos também vêm sendo utilizados como obras de arte.

3. Tradicionalmente, as obras de arte eram objetos duradouros e de grande valor. A civilização tecnológica contemporânea nos habituou a objetos de grande valor mas de duração efêmera: automóveis etc. Aliás, as pessoas ricas que podem adquirir tais objetos não devem conservá-los por muito tempo, pois se tornam fora de moda, a exemplo da *haute couture*. Surgiu assim a ideia da efemeridade dos objetos valiosos que facilita a aceitação das obras de arte efêmeras, indispensáveis para exprimir o mundo interior do artista contemporâneo.

A utilização intencional de objetos efêmeros é uma das características mais interessantes da arte de vanguarda. No Brasil, Lygia Clark, Hélio Oiticica e Mira

Schendel, entre outros, deram exemplos admiráveis dessa poética objetal do efêmero, que transmite uma impressão pungente da dissolução das coisas no fluxo do tempo e das novas vivências espaciais. Esses objetos prestam-se a uma simbolização eficaz de muitas vivências e, quando há participação ativa dos fruidores, permitem vivências por vezes intensas, que não podem ser obtidas por outras formas de arte.

Recentemente, objetos efêmeros têm sido usados juntamente com o corpo humano, ou vários corpos humanos, para a realização de manifestações artísticas de extraordinário interesse. As experiências de arte vivencial de tendência fenomenológica de Lygia Clark nos últimos anos, com a utilização de vários materiais perecíveis, contribuíram decisivamente para a criação de um novo campo de aproximação da arte com a vida.

4. Desde a época do dadaísmo vem assumindo importância a chamada antiarte. Podemos considerar a antiarte como um alargamento do campo da arte no sentido tradicional. Ela procura essencialmente eliminar o afastamento entre a arte e as vivências tidas como não artísticas pela estética do passado. Enquanto as realizações mais originais da arte contemporânea se deslocam para o campo da antiarte, muitos dos valores estéticos de forma, harmonia etc., vão sendo absorvidos pelo *industrial design* e incorporados aos

produtos industriais. Por outro lado, objetos industriais vão adquirindo o poder de despertar vivências várias, graças ao valor simbólico adquirido ou por sua associação com as experiências humanas, podendo ser utilizados como antiarte.

O alargamento do campo da arte determina naturalmente a sua convergência com outras atividades humanas. Um dos aspectos mais interessantes das pesquisas artísticas dos últimos anos consiste precisamente no desenvolvimento dos aspectos lúdicos da arte, dando lugar à chamada arte lúdica. Aliás, as atividades lúdicas passaram a ser altamente respeitadas. Até a existência de um elemento lúdico na investigação científica tem sido salientado. Por outro lado, verificou-se que alguns brinquedos envolviam ideias de grande importância para a arte, especialmente os que exigem esforço criador intelectual para a sua utilização, como os de construção.

Obras de arte lúdica começam agora a ser produzidas industrialmente em numerosos exemplares, assim como outros tipos de arte objetista. Surge uma nova relação dos artistas com a tecnologia, que alterará consideravelmente a sua situação econômica, equiparando-os aos inventores. Não é bem a mesma situação dos *industrial designers,* que não fazem puras obras de arte, mas objetos utilitários ou decorativos. Nessas obras de arte, produzidas em série, não há um original e cópias: todos os exemplares são originais, baseados num protótipo. Como no caso da gravura, a existência de originais múltiplos permite o barateamento da obra de arte, que deixa de ser objeto de grande valor econômico. Isso contribui para aumentar a aceitação de obras de arte efêmeras.

5. A elucidação da natureza da arte como processo de comunicação levou a uma concepção nova da obra de arte, que não só eliminou a tradicional distinção de pintura, escultura, gravura, desenho etc, mas também suprimiu a restrição ao tipo exclusivamente visual de impressão sensorial. Surgiram obras multissensoriais atingido vários sentidos, sobretudo a visão, a audição e o tato, mas por vezes o olfato e, mais raramente, o paladar. Há numerosas experiências de criar vivências supersensoriais não conceituais, afins do Zen, pela arte.

Por outro lado, vão-se ampliando as formas de arte conceitual, em que a natureza da mensagem transmitida tende a constituir uma ideia, frequentemente bastante abstrata e sutilmente especulativa. Nesses trabalhos aparece quase sempre, de uma forma ou de outra, a problemática da natureza da arte, relacionada com a dialética da ilusão e da realidade. Há como que uma convergência da arte com o filosofar.

Tornou-se corrente aparecer a palavra falada ou escrita — discurso, poema ou canto — integrada com elementos visuais e outros na obra de arte. Aparecem relações complexas entre a palavra e a impressão sensorial, criando um novo tipo de manifestação em que convergem arte e literatura, também relacionada com a arte conceitual. Há também as formas de letrismo, nas quais as letras são usadas como elementos construtivos da composição.

Além das impressões sensoriais ordinárias, são por vezes utilizados efeitos subliminais ou hipnóticos. Assim se atinge o subconsciente e a consciência. A tecnologia moderna oferece numerosos recursos para tal fim: sons e ruídos especiais, luzes fluorescentes e luz negra, estroboscopia, sistemas de espelhos planos ou deformantes, arranjos caleidoscópicos, imagens de televisão, inalações, interruptores rápidos, células fotoelétricas etc.

Nos últimos anos, a holografia realizou progressos rápidos graças aos *lasers*. Ela veio abrir um campo imenso de possibilidades fascinantes para a arte. Basta mencionar as imagens tridimensionais, estáticas ou em movimento, que poderão nos dar um novo espaço dinâmico em arte e também uma solução satisfatória para o cinema tridimensional. É interessante observar ser o *laser* um instrumento relacionado com a nova eletrônica quântica, cujo funcionamento se baseia de modo essencial nas leis físicas dos quanta.

IV. A arte cinética e a arte ambiental

1. Cada transformação profunda da vida humana e social implica mudanças do sentimento espacial e das ideias filosóficas, matemáticas, científicas e artísticas sobre o espaço. Surgem assim novas concepções geométricas, novas relações entre o espaço e o seu conteúdo material e energético na física, novas formas de expressão espacial na arte.

O século XIX iniciou uma revolução profunda nas ideias geométricas, ao mesmo tempo que desenvolvia a Primeira Revolução Industrial. Surgiram a geometria diferencial das superfícies, de Gauss, e a geometria diferencial dos espaços curvos multidimensionais de Riemann que, no século XX, permitiria o desenvolvimento da teoria da relatividade geral de Einstein. Por outro lado, a introdução dos grupos contínuos de transformações levou Klein, Helmholtz e Lie a uma concepção mais dinâmica e profunda dos vários tipos de espaços geométricos: espaços não euclidianos de Gauss, Lobatcheevski, Boliyai e Riemann; espaços projetivos e afins; espaços conformes etc. A fusão da geometria diferencial com a teoria dos grupos foi realizada no século XX, principalmente por Cartan e Weyl.

Durante o século XIX começaram os estudos sistemáticos de um novo tipo de relações geométricas extremamente profundas que viriam a constituir a topologia. As propriedades e figuras topológicas despertariam a atenção dos artistas no século XX. Basta recordar a fita de Moebius tão utilizada por Lígia Clark e outras artistas. A topologia geral se tornaria um dos ramos fundamentais da matemática no século XX. As deformações das figuras na arte do século XX revela o aparecimento do senso topológico.

Outro desenvolvimento interessante da geometria no século XIX consistiu na escolha de vários elementos diferentes como geradores do espaço. Na geometria de Euclides, o elemento gerador do espaço é o ponto: o deslocamento do ponto gera a linha; o deslocamento da linha gera a superfície; o deslocamento da superfície gera o sólido tridimensional. No começo do século XIX, a descoberta do princípio de dualidade da geometria projetiva veio mostrar que o espaço projetivo tridimensional pode ser gerado indiferentemente pelo ponto ou pelo plano. A geração do espaço pelo plano viria a ser um dos fundamentos da arte cubista no século XX. A importância das estruturas filiformes na escultura do nosso século corresponde ao uso da linha como elemento gerador do espaço, segundo as concepções geométricas de Plücker, Klein, Moebius, Laguerre e Lie do século XIX (geometrias da reta e do círculo).

2. Na física, o espaço matemático abstrato é substituído pelo espaço físico, ambiente dos fenômenos materiais. Na passagem do espaço matemático para o espaço físico diminuiu o grau de abstração: o espaço físico é uma aproximação melhor da realidade do que o matemático. Há espaços mais concretos e ricos do que o físico: espaços biológicos dos seres vivos e sobretudo o espaço humano social e histórico, com o qual se relaciona o espaço da arte de uma época. O espaço da arte de uma época é talvez menos concreto que o espaço humano social e histórico contemporâneo, mas possivelmente mais rico porque inclui também, de certo modo, as fantasias da vida interior.

Há uma diferença essencial entre o espaço matemático e o espaço físico, mesmo não relativista, porque, a rigor, é impossível considerar um espaço físico sem o tempo. O espaço físico se relaciona necessariamente com a matéria em movimento, que é uma síntese espácio-temporal. Uma espacialidade não temporal corresponde a um grau de abstração maior que a do espaço físico, ou é de tendência mística.

A teoria da relatividade restrita de Einstein eliminou a separação de espaço e de tempo existente na física newtoniana, em que havia um espaço absoluto estático e um tempo absoluto, independentes do estado de movimento de cada observador. Surgiu assim um espaço-tempo absoluto, no qual a separação de espaço e de tempo era relativa ao estado de movimento de cada observador. Na teoria da relatividade geral, a geometria quadridimensional do espaço-tempo não é mais plana *a priori,* mas determinada pela distribuição de energia e quantidade de movimento da matéria: em geral, o espaço-tempo é curvo. Essa curvatura dá lugar às forças gravitacionais, que são assim incorporadas à geometria do espaço-tempo. O espaço-tempo curvo de Einstein é maleável e dinâmico, adaptando-se ao seu conteúdo material-energético, de modo que as propriedades geométricas das várias regiões se influenciam mutuamente. Ele é também mais rico que o da física anterior pela variabilidade da sua curvatura de ponto a ponto. Nas chamadas teorias do campo unitário foram propostos tipos de espaço-tempo ainda mais maleáveis e ricos de propriedades, a fim de poder tirar delas as forças elétricas e magnéticas além das gravitacionais.

3. O espaço de representação utilizado pela arte da Renascença era estático, pobre, e rígido, como o da física anterior à relatividade. Desde o barroco começam as tentativas para tornar o espaço da arte mais rico e mais dinâmico. Na arte do barroco vai surgindo um espaço-tempo pela ênfase dada ao movimento. São particularmente interessantes as transformações do espaço pelos efeitos de luz e sombra e da cor, a partir

dos venezianos do século XVI até a pintura holandesa do século XVII. Esses desenvolvimentos são paralelos aos da dinâmica e da nascente óptica e às profundas intuições de Leibniz sobre o espaço e o tempo.

No século XIX, durante a Primeira Revolução Industrial, Turner e os impressionistas revelaram uma sensibilidade especial para com os novos desenvolvimentos tecnológicos e científicos e também alteraram substancialmente o espaço renascentista. Contudo, só no século XX ocorreu a ruptura decisiva das concepções espaciais da Renascença com o nascimento da arte abstrata e da antiarte dadaísta e construtivista.

Os pioneiros do abstracionismo, vindos do expressionismo, do cubismo e do futurismo, foram sendo levados à criação de espaços não representativos. Libertando-se das restrições naturalistas, puderam escapar ao velho espaço da Renascença. Por outro lado, os dadaístas e os construtivistas foram conduzidos ao espaço-tempo pela introdução do movimento mecânico e dos efeitos luminosos nas suas obras de antiarte. Os dadaístas e os surrealistas abriram o caminho para a arte ambiental e os espaços mágicos. Introduziram também o acaso na arte, com a escrita automática e as teorias do *hazard objectif* (objetivo aleatório).

Mondrian e os neoplasticistas iniciaram a arte concreta, que tanta influência teria no desenvolvimento do op e da arte cinética após a Segunda Guerra Mundial. É importante notar a influência do concretismo entre os artistas latino-americanos, que depois dariam contribuições decisivas para a arte cinética e a arte ambiental. Cabe destacar os artistas brasileiros, argentinos e venezuelanos. Malevich inspirou o movimento neoconcreto brasileiro de Ferreira Gullar, Lygia Clark, Hélio Oiticica, Amílcar de Castro, Lygia Pape e outros, que projetaram a vanguarda brasileira no cenário mundial nos últimos anos, com as suas contribuições fundamentais para a arte cinética e a arte ambiental.

Na década 1960-1970 o novo espaço-tempo multissensorial e supersensorial surgiu em seu pleno desenvolvimento, já no período da Segunda Revolução Industrial, com a consolidação da arte cinética e da arte ambiental. O rápido avanço da contribuição cibernética representa a influência da novíssima tecnologia nesses movimentos. Um dos aspectos mais interessantes dessa contribuição relaciona-se com os robôs na arte cinética. Generaliza-se o emprego de cérebros eletrônicos em obras de arte cinética.

4. A arte cinética levou a uma transformação importante das relações tradicionais entre o artista e o fruidor da obra, em consequência da participação corporal ativa do fruidor, em vez de uma pura participação sensorial e mental, como antes. Isso decorre basicamente

da introdução do novo espaço-tempo da arte que inclui tanto a obra como o fruidor de um modo integrado. O espectador ficava fora do espaço da arte renascentista, como corpo físico atuante.

É certo que há ainda numerosas obras de arte cinética em que a participação do fruidor ainda continua renascentista, ou se limita a apertar um botão elétrico ou pisar num pedal. Nesses casos, poder-se-ia substituir o botão ou pedal por um comando a grande distância por célula fotoelétrica sensibilizada automaticamente pelo espectador, sem alteração essencial da comunicação artística. Trata-se, na realidade, de obras de transição em que, havendo uma participação consciente mas superficial do corpo do fruidor, não se atingiu efetivamente o novo espaço-tempo da arte cinética.

A participação ativa do fruidor confere a muitas obras de arte cinética um caráter lúdico. Aliás, há um tipo de arte cinética aparentada com as manifestações pirotécnicas que também têm conotações lúdicas, sem exigir a participação ativa corporal do fruidor. A problemática da atividade lúdica desperta agora considerável interesse, que deverá aumentar ainda mais com o crescimento futuro do lazer. Do ponto de vista social, o progresso tecnológico tende a deslocar o centro das atividades humanas do esforço produtivo para o lúdico. Naturalmente, a maioria da humanidade ainda está bem longe disso, sofrendo as agruras do subdesenvolvimento e até da desnutrição.

5. Nas obras de arte cinética há várias modalidades de movimentos: movimento mecânico de máquinas, movimento luminoso, movimentos mecânicos naturais, movimentos humanos etc. A rigor, o movimento mecânico de máquinas é o de tipo mais elementar, em princípio. O ato corporal humano é o mais elevado, qualitativamente. Em algumas das melhores obras de arte cinética, o fruidor-participador desloca-se em relação ao ambiente em que está inserida a obra de arte, determinando assim, só pelo seu movimento, alterações essenciais das impressões recebidas (Agam, Soto, Cruz-Díez e muitos outros). Sérgio de Camargo utilizou com grande sutileza o efeito do movimento luminoso. Lygia Clark inicialmente (bichos) usou a manipulação do participador como forma de movimento criador de novas formas. No *caminhando,* o participador vai cortando com uma tesoura uma fita de Moebius de papel: o gesto determina uma vivência supersensorial, enquanto é criada a obra. Amélia de Toledo vem utilizando também com felicidade a manipulação do fruidor nas suas obras.

O eminente crítico inglês Guy Brett, na sua obra sobre a arte cinética, reconheceu a contribuição excepcional dos brasileiros para a utilização do ato humano na arte cinética. Sem dúvida, essa é a nossa contribuição mais característica. Artistas brasileiros como os pioneiros A. Palatinik, Waldemar Cordeiro, Wesley Duke Lee, Nélson Leirner, Marcelo Nitsche, Efisio Putzolu e Toyota, realizaram obras importantes de arte cinética e ambiental usando motores ou outros aparelhos tecnológicos, que se enquadram mais nas tendências internacionais. Mesmo os artistas cinéticos brasileiros de mentalidade mais tecnológica sentem as condições limitadoras do nosso subdesenvolvimento e utilizam necessariamente uma tecnologia mais simples que os dos países mais industrializados. Isso não implica necessariamente num empobrecimento artístico, já que o seu nível tecnológico, correspondendo ao nosso meio, adquire por isso mesmo expressividade e conduz à comunicação artística.

Nota-se uma tendência dos artistas cinéticos de São Paulo a empregar maiores recursos tecnológicos que os de outras regiões do Brasil, inclusive da Guanabara. Isso é facilmente compreensível pela maior industrialização de São Paulo. Por esse motivo a arte cinética paulista se enquadra mais nas tendências internacionais.

6. A arte ambiental tem-se desenvolvido simultaneamente em várias formas diferentes com grande vitalidade. Há uma arte ambiental relacionada com o realismo social crítico ou o superrealismo no sentido

pop. Outro caminho se relaciona com a criação de ambientes mágicos ou fantásticos, em particular com a chamada arte psicodélica. Um dos tipos mais interessantes de arte ambiental procura criar experiências suprassensoriais que se aproximam da cerimônia do chá do Extremo Oriente, ligada ao Zen. Há também um tipo de arte ambiental ritual.

Hélio Oiticica tornou-se uma das personalidades mais importantes do movimento da arte ambiental em todo o mundo. Partindo do neoconcretismo carioca, compreendeu a riqueza de possibilidades artísticas da vida dos morros e favelas, sabendo aproveitá-las com um talento excepcional. Foi uma das figuras principais da nova objetividade e do movimento tropicalista. Hélio Oiticica tem se inspirado ultimamente na arte arquitetural dos indígenas brasileiros. Por outro lado, sente profundamente a problemática da contracultura dos jovens, assim como o Zen e o psicodelismo.

Gerchman e Vergara deram contribuições importantes para uma arte ambiental de sentido social e político. Cildo Meireles é uma das figuras mais promissoras entre os artistas ambientais mais jovens da Guanabara, com experiências notáveis de arte ritual e de outros tipos. Ione Saldanha tem realizado nos últimos tempos experiências muito pessoais de arte ambiental com os seus bambus, uma nova espécie de arte paisagista. Sulamita Mareines destaca-se entre os novos ambientalistas de São Paulo pelos seus ambientes mágicos, utilizando variados recursos tecnológicos, sobretudo eletrônica, som e espelhos. Efísio Putzolu tende também para uma arte tecnológica ambiental inspirada na ficção científica.

Mira Schendel tem-se dedicado recentemente a um tipo de arte ambiental ligada à problemática do vazio nirvânico dos seus desenhos e *droguinhas*, mas já agora influenciada por algumas ideias da teoria dos quanta sobre a relação probabilista do invisível com o visível.

V. Arte e física quântica

1. A revolução mais profunda da física do século XX foi realizada pela teoria dos quanta. Essa teoria dá as leis de movimento dos corpúsculos atômicos e subatômicos e dos fótons que constituem a luz. A física dos quanta mostrou que esse mundo invisível se comporta de maneira totalmente diferente do mundo dos corpos visíveis, regido pelas leis da física newtoniana ou da física relativista de Einstein. O "movimento" de um elétron dentro de um átomo escapa totalmente às nossas capacidades intuitivas, não possuindo trajetória como geralmente se supõe. Para aplicar as ideias de espaço e de tempo aos elétrons é necessário um complexo for-

malismo matemático de equações às derivadas parciais descrevendo a propagação de ondas de probabilidade num espaço com grande número de dimensões.

Grosso modo, a física dos quanta nos apresentou uma visão do mundo em que há um nível invisível – o mundo atômico com as suas leis tão estranhas – e o mundo visível dos objetos comuns que servem de instrumentos de detecção e medida do mundo invisível. Para compreender as propriedades dos sólidos, líquidos, gases etc., do mundo visível temos que aplicar aos átomos que os constituem as leis dos quanta.

Como se não bastassem essas complicações da teoria dos quanta, surgiram inúmeras outras quando se procurou adaptá-la ao espaço-tempo da teoria da relatividade restrita. Uma das coisas mais fascinantes foi a descoberta de que o vácuo era uma coisa complicadíssima. Provou-se também a possibilidade de criar e destruir partículas elementares, verificando a previsão de Einstein de que a massa, medida da inércia, era também essencialmente a mesma coisa que a energia, medida do dinamismo efetivo ou potencial.

O tipo de determinismo da teoria newtoniana foi substituído por uma previsibilidade probabilística. O caos e o aleatório tornaram-se elementos integrantes do Cosmos. A humanidade, apavorada, tomou conhecimento com Hiroshima de que as energias mais tremendas estavam escondidas no mundo invisível dos átomos.

2. A física dos quanta teve uma importância extraordinária no desenvolvimento de outros ramos da ciência. Permitiu compreender as propriedades dos metais e de outros sólidos, abrindo o caminho para inúmeras aplicações tecnológicas. Basta lembrar o transistor que revolucionou as telecomunicações e a cibernética eletrônica. Na teoria dos metais desempenha um papel fundamental a estatística de Fermi dos elétrons, baseada no princípio de Pauli.

A física dos quanta lançou muita luz sobre os fundamentos da mecânica estatística, sobretudo em relação ao problema da natureza da entropia. A descoberta de propriedades estatísticas especiais, das partículas luminosas — os fótons, que obedecem à estatística de Bose — permitiu a construção do *laser,* instrumento fundamental da tecnologia do futuro. O *laser* baseia-se na emissão estimulada da luz, descorberta por Einstein há mais de cinquenta anos.

A física dos quanta permitiu compreender os fenômenos nucleares, abrindo o caminho para a produção da energia atômica e das armas atômicas. Essas descobertas asseguram o provisionamento energético futuro a radioatividade natural e artificial. Os isótopos radioativos artificiais adquiriram importância fundamental em todos os domínios da tecnologia e também na medicina.

O desenvolvimento da física do núcleo teve enormes repercussões sobre a astronomia. Foi possível descobrir os principais mecanismos de produção de energia nas estrelas, entre as quais o Sol. A física dos quanta é a chave de toda a astronomia moderna, sobretudo da estelar.

Um dos sucessos mais notáveis da física dos quanta foi a descoberta da teoria das forças de valência química. Com isso os fenômenos químicos foram integrados na física e o mistério da saturação das forças de valência ficou esclarecido. A explicação quântica dos fenômenos químicos abre novas perspectivas para a compreensão profunda da natureza da vida, baseada em fenômenos químicos de moléculas gigantes.

Não pode haver qualquer dúvida sobre o fundamento quântico da vida. Aliás, as técnicas da física atômica e nuclear já vêm sendo aplicadas para a produção de mutações, há muitos anos. A física torna-se cada vez mais a base da biologia, não só pelas técnicas experimentais como pelas ideias teóricas.

A sensibilidade do corpo humano para os efeitos quânticos se revela claramente no mecanismo da visão. Sem exagero, podemos afirmar que o olho humano percebe os fótons das radiações visíveis, já que bastam alguns para produzir uma impressão visual. Há talvez outros mecanismos biológicos de sensibilidade extrema aos efeitos quânticos que podem desempenhar um papel decisivo em muitos comportamentos misteriosos da mente humana, tais como as vivências supersensoriais.

É bem possível que as aplicações biológicas acabem levando a novos e surpreendentes desenvolvimentos da física dos quanta, com repercussões sobre todo o pensamento físico. O futuro talvez considere a física dos quanta sobretudo como a ponte entre a matéria inorgânica e a vida.

3. Ainda não houve bastante tempo para que a influência das ideias da física dos quanta tenha atingido na medida necessária todos os domínios do pensamento humano. Mesmo assim, o impacto foi tremendo sobre o pensamento de vanguarda, modificando de modo essencial algumas atitudes anteriores.

A física dos quanta levou a uma visão dialética de novo tipo dos fenômenos naturais. Enquanto a dialética hegeliana e marxista surgiu dos estudos filosóficos relacionados com questões sociais e históricas, temos agora uma nova teoria dialética de base física, que não parece poder tratada com as categorias da dialética anterior, apesar da existência de muitos pontos de contato. Um dos elementos básicos da nova dialética é o seu conceito de probabilidade, síntese de determinismo e acaso. Na física quântica as probabilidades funcionam de modo diverso do cálculo das probabilidades, que se relaciona com a lógica comum. Há os fenômenos de interferências de probabilidades da física quântica dependentes do fato das suas probabilidades serem calculadas à base de amplitudes de probabilidade, dadas em geral por números complexos. A existência das amplitudes conduz à dualidade onda-corpúsculo, típica da física dos quanta.

A estrutura epistemológica da física quântica se baseia sobre a observação e medidas aplicadas aos fenômenos de uma mundo de partículas sensorialmente "invisíveis" por aparelhos na escala corpo humano, sensorialmente "visíveis". Essas observações implicam em perturbações dos microbjetos "invisíveis" regidas pelo princípio de incerteza de Heisenberg. As grandezas físicas são "fabricadas" pelos nossos instrumentos com a "matéria-prima" dos micro-objetos. Elas podem variar contínua ou descontinuamente, segundo os casos.

O nosso conhecimento do mundo "invisível" vem unicamente das medidas "fabricadas" pelos instrumentos. As propriedades espácio-temporais da física pré-quântica valem para os instrumentos, mas só limitadamente para os micro-objetos do mundo. A discussão das bases epistemológicas da física dos quanta foi feita sobretudo por Bohr, que introduziu também a noção de complementaridade. As ideias de Bohr tinham alguns pontos de contato com a atual semiótica.

Max Bense observou a existência de um paralelismo entre o modelo dos dois números da epistemologia quântica e as tendências da arte contemporânea. Introduziu assim os conceitos de macroestética e microestética, que correspondem aos de física pré--quântica e de física quântica, respectivamente. Ele tinha em mente sobretudo a arte abstrata e a arte figurativa tradicional.

É interessante observar que crenças sobre a existência de um mundo invisível — de realidade superior à do mundo visível — existem desde tempos imemoriais, associadas a concepções animistas ou religiosas de vários tipos. A física dos quanta reintroduz novamente ideias de dois níveis da realidade em base puramente científica, sem conotações religiosas ou animistas. A teoria da relatividade restrita levara à concepção de que a energia é a substância universal, procurada pelos filósofos pré-socráticos. Contudo a substância universal energética da relatividade faz recordar muito a concepção de mana dos aborígines australianos. Aparentemente havia aspectos fisicamente verdadeiros em algumas das mais antigas concepções do homem, consideradas como de natureza mágica ou animista.

4. Há uma dialética especial no desenvolvimento da arte do século XX que se revela pela consideração das tendências opostas que se desenvolvem simultaneamente em correntes artísticas opostas. Temos assim os pares (fauvismo + expressionismo) *versus* cubismos, concretismo *versus* abstracionismo informal, arte op *versus* (neodaísmo + pop), arte cinética *versus* arte minimal, arte conceitual0 *versus* arte mágico-psicodélica etc...

Encontramos no século XX um surto surpreendente de tendências de dissolução da forma, em paralelo com um surto não menos acentuado de forma geométrica puríssima. As tendências informais ou caóticas podem ser aproximadas da introdução do caos como um dos ingredientes básicos do mundo pela física dos quanta. A forma geométrica rigorosa em arte parece corresponder ao papel fundamental representado pelas simetrias e pelos grupos de invariância na física dos quanta.

A física dos quanta se carateriza por uma dualidade da continuidade e da descontinuidade, que aparece mais claramente na chamada teoria quântica dos campos. Cada campo de ondas se relaciona com determinadas partículas e reciprocamente cada espécie de partícula se relaciona com o seu campo. O caso conhecido é o do campo eletromagnético cujos quanta são os fótons, as partículas de luz. Essa relação partícula-campo depende essencialmente do tipo de propriedades estatísticas das partículas: estatística de Bose ou de Fermi. A existência dos quanta leva a descontinuidades energéticas.

Há também na arte do século XX uma dialética de continuidade e descontinuidade que se manifesta na oposição do *hard edge* e das novas formas de pintura escorrida derivadas do expressionismo abstrato. A descontinuidade é característica das várias formas de pintura reticular abstrata e de muitos tipos de escultura atual. As experiências de obter retículas a partir de imagens fotográficas muito ampliadas envolve uma oposição de continuidade e descontinuidade.

As experiências de arte supersensorial se relacionam também com a ideia básica da epistemologia instrumental dos quanta. As impressões sensoriais que produzem a vivência supersensorial correspondem às observações instrumentais que revelam os microbjetos "invisíveis". Provavelmente as convergências mais profundas entre arte e física dos quanta são dadas pela arte supersensorial. Assim, as vivências de um vazio que não é o nada podem ser aproximadas da noção de vácuo físico da teoria quântica relativista, que possui propriedades físicas, apesar de desprovido de energia. Esse vácuo físico determina a emissão espontânea de luz por um átomo excitado, porque está associado a flutuações caóticas do campo eletromagnético na eletrodinâmica quântica. É interessante recordar que as vivências de iluminação são das mais importantes não só na arte supersensorial como em oniroterapia etc. Estarão talvez associadas a alguma percepção de efeitos quânticos sutilíssimos pelo corpo humano.

Muitas dessas coisas parecem misteriosas ou fantásticas. Não devemos, porém, esquecer que as bases da própria vida são efeitos quânticos. Eles afetam a nossa bioquímica comum, mas devem estar associados aos processos mentais ainda muito obscuros.

parafísica

Conversa com Haroldo de Campos, 1984.

Retomando o que conversávamos quando acabei de chegar, era o quanto me interessou a ideia que você desenvolve de uma parafísica, em lugar do que se chama vulgarmente "parapsicologia". Estava pensando que essa ideia de parafísica talvez fosse bastante extensa, suficientemente extensa para cobrir uma série de problemas meio inexplicáveis em relação a criação poética. Aquilo que Roman Jakobson chamava "as estruturas subliminares da poesia". Por exemplo, Edgar Allan Poe afirmava que escreveu o poema "The Raven" ("O Corvo"), de trás para diante. Dizia-se que ele era um charlatão e que tinha feito aquela afirmação para se burlar da crítica. No entanto, Jakobson fez uma análise do ponto de vista linguístico-fonológico das estruturas do texto, e através das últimas palavras do poema, do refrão "never more", mostrou que never é o avesso fonológico de raven: o esquema de consoantes, r, v, n; n, v, r. Procedeu a uma análise, deu-nos um espectograma do esqueleto consonantal desse refrão: o corvo fala seu próprio nome no espelho, as avessas . Daí o efeito mágico que o poema produziu em tantas gerações: um poema que foi traduzido em português por Fernando Pessoa e Machado de Assis, por exemplo. Esse efeito mágico era fruto de uma construção fonológica ao avesso. Logo, se ele foi capaz de construir no nível fônico, micrológico, o tema do poema do avesso, por que não seria capaz de arquitetar macrologicamente, no nível macroscópico, o poema inteiro segundo esse mesmo princípio? É possível começar pelo fim, isso é comum. Você vai escrever um soneto, escreve a última linha, a chave de ouro, e depois constrói o soneto retroativamente. Dizem que Poe não fez isso conscientemente, mas não interessa saber se é consciente ou não. A verdade é que é subliminar, ocorre "queira ou não, o poeta é o crítico", como diz Jakobson citando Saussure; a verdade é que é assim, uma espécie de materialidade do fato. Quando li sua reflexão sobre parafísica, me pareceu que o termo parafísica poderia cobrir essa dimensão. Porque embora seja uma coisa que faça parte da materialidade do fenômeno, não está conscientemente assumida pelo autor. É uma coisa

que está lá, que pertence ao domínio da fisicalidade ou, mais propriamente, é algo que se situa ao lado da física ("ao lado" que seria a acepção etmológica de "para"): num sentido em que a física passa para o existencial, em que o domínio da física se estende para o biológico. E nesse caso o termo parafísico, para indicar o fenômeno, não é despistador, enquanto que "parapsicológico" dá ideia de uma coisa mediúnica...

Essas coisas não estão além da psicologia, estão aquém.

O que me impressionou muito na sua reflexão é que talvez o futuro da física estivesse exatamente na exploração dessa passagem: descobrir o espaço entre a física e a biologia, o momento em que as duas se comunicariam. Ao que parece, isto já teria acontecido na química.

A química já entrou no campo da física com a nova mecânica quântica, que conseguiu explicar as forças de ligação química, a valência, coisas que antes não se sabia explicar. A ligação da química com a física já se conseguiu fazer através da mecânica quântica, mas não se conseguiu fazer a junção com a biologia. Heisenberg via isso como um dos grandes problemas da ciência, e fiquei com a impressão de que essa ponte entre a física e a biologia se daria através da parapsicologia. A gente tem tendência a pensar que a parapsicologia é alguma coisa que está além da psicologia. Eu acho que não é verdade, a parapsicologia é alguma coisa que está entre a física e a biologia. Mais ou menos por volta de 1964, começaram a descobrir novos aspectos da mecânica quântica, aliás, de acordo com a mecânica quântica, tudo o que está no mundo está interligado.

Isso é muito oriental.

Os criadores da física quântica eram pessoas muito influenciadas pelos orientais. Mas finalmente, depois da década de 1960, descobriram que tudo no mundo é interligado, não há coisas separadas uma das outras. Os orientais desenvolveram ao extremo essa doutrina de que as coisas são todas reflexos uma das outras, e a mecânica quântica também conduz para esse ponto de vista de que tudo é interligado.

É curioso, você esta falando da física, e de fato muito no desenvolvimento da poesia contemporânea, no espaço da modernidade, cabe no que você diz. Mallarmé, por exemplo, afirmou que nunca tinha estudado o budismo, mas que ele se sentia budista.

Mallarmé fez a formulação mais bonita do budismo: "... creux Néant musicien" (oco Nada musical). É o mais belo verso de Mallarmé: o resto é elaboração...

Não sendo budista, ele se deu conta, ao mesmo tempo, que era budista, como uma "aptidão do Universo". Não era a pessoa "Mallarmé", mas sim uma disponibilidade do Universo para expressar-se, fenômeno que ele denominava "desaparecimento elocutório do eu": "sou uma aptidão do Universo". A poesia o levou a descobrir que era budista. Mallarmé parece sempre ter escrito o mesmo poema: o soneto em "ix" (ptyx) e uma miniatura do "Coup deu Dés". O verso que você acaba de citar, por exemplo: nele há a presença e a ausência, concomitantes. Ele figura algo que é sonoro e não é sonoro ao mesmo tempo. É a coexistência dos opostos. Uma copresença, a impossibilidade de falar do positivo sem lembrar do negativo. É uma aptidão da linguagem, de se transformar em universo. Tudo em Mallarmé caminha para um só poema, talvez um só verso. Mallarmé é um pensador, um poeta-pensador. Estava na ponta de lança do pensamento de seu tempo. Algumas vezes ele pensava coisas em relação às quais não havia instrumentos para que pudessem ser pensadas na época. Isso que é fantástico: pensar coisas além dele próprio. Não havia conceitos na

ciência da época e ele não era um especialista em budismo, chegou lá por intuição poética. A poesia produziu antecipadoramente uma certa informação. Isso está no campo da parafísica, essa capacidade de alimentação não necessariamente racional. Entra o elemento racional, mas ele é colorido por uma intuição poderosa que vai mais além dele.

Nas descobertas o elemento racional está presente, sobretudo na formulação, mas acho que o momento do ato criativo é muito pouco racional, e sim intuitivo.

É alguma coisa que não pertence a lógica linear, é analógico.

Não pertence à lógica aristotélica, está mais para as lógicas do budismo. O budismo é incrível, possui uma riqueza fantástica. Na Índia eles tinham uma tradição lógica que desenvolveram e foram aprofundando através dos séculos. Possuí muitas dimensões, muitos modelos variantes. É de uma beleza fascinante. Séculos de pensamento lógico levaram a lógica para outras dimensões.

Não é uma lógica-síntese, é uma lógica da copresença dos opostos. O Ocidente precisa se dar conta de que

urge conhecer seu Oriente. Essa busca da origem, no fundom não é uma busca da origem metafísica, é uma busca do seu Oriente, de um contato maior com o real. Nós temos uma ideia limitada do real, a lógica linear nos faz pensar que dominamos o real. O real é muito mais vasto, tem dimensões que a lógica linear nem suspeita. O que você diz da criação, eu acho que na poesia é a mesma coisa. Eu tenho uma formação teórica, sou um crítico além de poeta. Tenho uma formação metalinguística, mas a metalinguagem só serve para mostrar a sua insuficiência. Como é que eu posso explicar como nasce um poema? Posso analisar *a posteriori*, mas o momento da criação e irredutível, não dá para resolvê-lo por esquemas. Não é uma coisa racionalizada, é um surto, uma coisa espontânea que nasce de dentro. É claro que depois me debruço sobre o poema, começo a elaborá-lo, a poli-lo, a trabalhar sobre ele. Einstein afirmava que suas primeiras ideias jamais se davam sob a forma de signos, números, ou qualquer outro tipo de linguagem codificada. Surgiam através de imagens cinéticas, imagens em movimento. Isto é uma espécie de iconografia interior. Eu acho que com a poesia também é assim. O poema nasce com uma forma rítmica, de repente vem as palavras, num momento não muito separado do outro. Depois o analista começa a dizer o que é ritmo, rima, a explicar o poema. Mas como é que a coisa se passa? Se passa nessa esfera da parafísica, essa esfera subliminar que tem um componente de lucidez, mas que também tem essa componente lúdica e não resolúvel em modelos lógicos e lineares, e que só mesmo o orgulho ocidental pode achar que vai resolver com esquemas cartesianos. Acho que um oriental nem se proporia esse problema.

Acho que eles não têm nada que corresponda a essa lógica formal nossa, além da gramática.

Veja-se a Índia, por exemplo. Eles têm uma gramática elaboradíssima, mas é uma "gramática da poesia", como diria Jakobson. Uma gramática que envolve as formas poéticas e que também está ligada a toda a poesia em sânscrito. Refiro-me ao gramático e poeticista hindu Panini, do século IV a.C., um precursor da poética moderna.
[Eu gostaria de mudar um pouco de assunto. De fazer uma pausa, um retrospecto. Eu gostaria de lembrar um pouco do meu contato inicial com o Mário. Não só do meu, mas também das pessoas com quem eu estava ligado nos anos de 1950. Foi mais ou menos nessa época que nos o conhecemos, através das manifestações da arte concreta, da poesia concreta. O que

me impressionava muito no Mário era sua capacidade de escuta para os problemas mais novos, uma escuta absolutamente não dogmática. Aliás o Décio Pignatari formula isso muito bem. Existe um depoimento dele no livro da Perspectiva, *Mário Schenberg Entre-vistas*. Ele conta que a gente fazia um trabalho novo e esse trabalho era hostilizado pelos críticos da área, eles não queriam saber de poemas que "não podiam ser lidos". Você não tinha nem a chance de poder mostrar que aqueles poemas podiam ser lidos, mas de outra maneira. E quando a gente levava esse tipo de trabalho para o Mário, a atitude era completamente diferente. Era uma atitude de descoberta, como diz o Décio, restabelecia o equilíbrio das coisas, a justiça. O Mário queria que o jogo fosse feito com *fair play*. Não era necessariamente dizer gostei ou não gostei. O trabalho inovador passava a existir como uma possibilidade, alguma coisa que como tal exigia ser tomada a sério, não era simplesmente uma vontade de apresentar o bizarro pelo bizarro; era um trabalho, algo a considerar. Eu me lembro de um texto muito difícil do Décio, "A Estela Cubana", que saiu publicado no *Suplemento Literário de O Estado de S. Paulo*, em 1962. Era uma poema complexíssimo, muito inovador, e nós discutíamos, o Décio e eu, esse texto, uma espécie de épica sintética, um "mural" participante, mas com meios formais extremamente avançados: o poema era realmente muito bonito. O Décio na ocasião sofreu incompreensões, e de repente ele encontra, da parte do Mário, uma escuta atenta e que o encorajava no seu trabalho. Isso é uma coisa que a gente não esquece. Poucas vezes encontramos isso. Encontrávamos mais facilmente essa predisposição à compreensão do novo no caso do Mário, que era um físico e crítico de arte, e da parte do Mário Pedrosa, que era, sobretudo, crítico de arte, do que entre os críticos literários propriamente ditos... Muitas vezes nós vínhamos à casa do Mário e víamos como ele recebia os artistas. Um pintor, um jovem ainda quase desconhecido, sentava à mesa com ele, jantava e mostrava seu trabalho. Às vezes se tratava de um trabalho que não parecia interessante, imaturo ainda, mas o Mário sempre tinha atenção para ele, era sempre capaz de estímulo. Essa era uma atitude muito bonita. Ilya Prigorgine, o prêmio Nobel de Química, amigo do Mário, diz que a ciência é uma "escuta poética" da Natureza; o Mário sempre praticou essa escuta, uma escuta que, sendo "poética", atenta ao fazer, sabe também ser crítica. O Mário gosta muito de discutir. Havia momentos em que eu chegava à casa dele e ele não concordava comigo e discutíamos muito. Essa capacidade do diálogo, a escuta do outro, mesmo que ele apresente coisas que nos pareçam estranhas, surpreendentes, é uma coisa básica. Isso para um artista que está fazendo um trabalho novo é muito importante. Isso não ocorreu só na poesia; nas artes plásticas, a Lygia Clark, o Hélio Oiticica e muitos outros artistas que estavam fazendo um trabalho de características inovadoras, transgressoras mesmo, contavam com essa "poética da escuta" da parte do Mário. Por isso eu digo que o Mário tem um caráter muito específico, é um homem singularmente dialético. O Mário consegue ser dialético e dialógico, quer dizer, pratica uma dialética que não propõe uma síntese absoluta, dogmática, final, mas está sempre aberta à escuta do outro, ouve a "diferença". A dialética muitas vezes tende à síntese fechada, à síntese às vezes autoritária, monológica. Eu acho que o "dialogismo" é o traço característico do Mário. É um testemunho que presto. É a oportunidade de reafirmar o que penso faz muitos anos, e tentei exprimir em um poema que escrevi, "Hieróglifo para Mário Schenberg", publicado no livro editado pela Perspectiva, *Entre-Vistas*.]

Na Idade Média havia uma abertura maior, não sei se foi a Inquisição que fechou, mas houve um período muito aberto e parece que nele houve um contato muito grande com o Oriente.

Hoje se sabe que Dante não teria escrito a *Divina Comédia* tal como ela é, se não tivesse recebido uma influência muito grande de místicos árabes. A própria estrutura da *Divina Comédia* vem de filósofos árabes. O problema da luz como matéria do "Paraíso", por exemplo.

Parece que Dante fazia parte de uma seita e que tinha muita influência do Islã.

De fato, na tese de Asín Palácios sobre a "escatologia muçulmana" na *Divina Comédia*, isso parece que causou muita polêmica por parte dos dantólogos. Há realmente uma grande influência desse fundo islâmico sobre Dante e sobre os provençais.

Havia ligação dos templários com seitas islâmicas...

Parece que se desfez aquela ideia de que a Idade Média foi uma idade de trevas. Ao contrário, houve outros momentos de verdadeiro renascimento antes da Renascença italiana. A Idade Média foi, sob muitos aspectos, uma época de refinamento, uma época de tradutores, de "transculturadores", Aristóteles chegou até o século XIII cristão através de versões árabes, retraduzidas em latim. A cultura do Ocidente cristão

foi feita sobre metáforas islâmicas, pelo menos numa primeira fase da recepção medieval de Aristóteles.

A Idade Média tem muitos aspectos interessantes, muitas vezes houve uma aproximação muito grande entre o Ocidente e o Oriente. Estão estudando a Idade Média e encontrando coisas interessantes. Esse período medieval é muito cheio de histórias. Outra coisa interessante é comparar o que diz a Igreja Ortodoxa, que é a Igreja Oriental, e o que diz a Igreja Católica. Existem disparidades incríveis. Aliás, há um livro que saiu em francês, se chama *Gnosis*, e que é escrito por uma pessoa da igreja Ortodoxa Russa que vive em Bruxelas. O autor, inclusive, escreveu o livro para desmascarar aquele russo, acho que o Ouspenski, que tem um livro chamado *Fragmentos de um Ensinamento Desconhecido*. O autor diz que aquilo não são fragmentos desconhecidos, mas sim fragmentos da doutrina esotérica da Igreja Ortodoxa Russa. Inclusive, no livro ele diz que haveria um tempo em que a matéria iria desaparecer, que a existência da matéria não seria eterna, e hoje em dia muita coisa leva a crer que o próton acaba se desintegrando. O próton tem vida muito longa, mas depois se desintegra e isso é bastante seguro. Essas histórias fazem parte dos ensinamentos da Igreja Ortodoxa. De fato, às vezes encontramos nas fontes religiosas e místicas muitas coisas que são premonições, antecipações daquilo que a ciência vai formular. Esse livro é muito curioso, diz que Cristo, além do Evangelho, tinha ensinado coisas mais esotéricas para seus discípulos, e que esses ensinamentos esotéricos foram levados para a Igreja Oriental por Santo André, que era o bispo de Constantinopla e fundador do patriarcado em Constantinopla. Esses ensinamentos não foram adotados pela Igreja Católica. Esse livro contém muitas coisas desse ensinamento esotérico e permite compreender uma série de coisas que foram surgindo.

Isso que você fala sobre a abertura da Idade Média é muito interessante. O próprio Dante, que muitas vezes é apresentado como um homem muito mais preso ao dogma, muito mais rígido do que na verdade era, tinha uma maneira especial de ver a política, assim como tinha uma maneira especial de ver a religião. No "Paraíso" ele coloca lado a lado São Tomás de Aquino e Sigieri di Brabante, condenado como um seguidor de Averróis, o intérprete árabe de Aristóteles. Até parece aquela ideia de Borges, os dois teólogos que passaram a vida polemizando e quando morreram, colocados perante Deus, ficaram espantados. Deus apenas lhes disse que nunca vira diferença entre ambos. Passaram a vida inteira se degladiando e perante

**Deus se deram conta de que eram a mesma pessoa...
Dante coloca São Tomás e Sigieri di Brabante juntos,
faz mesmo o elogio de Sigieri pela boca de São Tomás,
quando na realidade, historicamente, Sigieri foi com-
batido por São Tomás por seus "desvios" averroístas...
Segundo a doutrina de Averróis não existia alma sin-
gular, todas os homens participavam de uma mesma
alma universal, vale dizer, negava-se a existência de
um intelecto imortal individualizado...**

É o brahman. O hindu tem tendência a não ser dua-
lista e dizer que só existe uma coisa. Essa ideia ficou,
sobretudo, bem marcada na filosofia de Shankara, o
maior filósofo do hinduísmo. Santo Tomás tem uma
coisa muito curiosa que geralmente ninguém sabe.
Santo Tomás não era um homem fechado, ao contrário, era aberto e com um espírito crítico muito forte.
A Igreja depois o dogmatizou. Mas é interessante que
ele nunca havia tido uma visão mística. A única visão
que talvez tivesse tido ocorreu um ano antes de morrer
e a primeira coisa que fez depois disso foi que nunca
mais escreveu uma linha sequer da *Suma Teológica*. A
impressão que eu tenho é de um sujeito muito aberto.
Marx gostava muito dele. Através das traduções dos
jesuítas, o budismo chegou na Europa; quem foi considerado um grande budista foi aquele alemão, Meister

Eckhart, que era dominicano. Pelo que escreveu, o Suzuki acha que ele atingiu um estado que é alcançado no treinamento budista. Meister Eckart é incrível, ele foi levado à Inquisição e não negou nada do que havia dito, pois o que dizia era fruto da sua experiência. Ele achava, por exemplo, que Deus não era o ponto mais alto, pois na meditação ele havia ido a um lugar, atingido Deus, mas a coisa continuava, então chegou ao grande vazio, ao grande deserto, como ele chamava, à deidade, e que estava além de Deus.

Essa ideia de um princípio criador além de Deus é cabalística. Eu, ultimamente, andei estudando o hebraico para traduzir fragmentos do *Gênesis*. E é muito curioso, primeiro, porque é um maravilhoso poema, traduzido geralmente por pessoas que não têm nada a ver com a "função poética" e o traduzem sem atentar para as suas qualidades de grande poesia, como se fosse somente um texto religioso. O mais curioso de tudo já está nas primeiras palavras do Gênesis, que eu traduzi por: "no começar Deus criando", para manter a ideia de criação como um processo, usando o infinito substantivado e o gerúndio. Em hebraico, conforme a interpretação que se dê, em vez de pensar "no começo (ou "no começar") Deus criando" a gente pode ler: "O começo (ou "a começar") criando Deus".

No *Zohar*, Elohim (Deus) seria a emanação do "Nada místico" por força do "princípio" (Reshit; Rosh significa também cabeça), ou seja, "a existência primordial definida como a sabedoria de Deus". O fundo místico que existe aí é extremamente complexo e ao mesmo tempo o *Gênesis*, pensado como um processo, acaba, tanto quanto eu posso imaginar, muito mais próximo da descrição física dos processos cosmológicos. A criação continua, quer dizer, é um processo. Por isso eu usei o gerúndio. A palavra céu (shammám) é composta de duas outras que são "fogo" (esh) e "água" (máim) o que dá ideia de um amálgama de fogo a água que parece um caldo cósmico... Para traduzi-la, inventei um neologismo, uma palavra composta: fogoágua... Uma coisa que eu gostaria de lhe perguntar agora, é se existe alguém trabalhando no domínio da passagem da física para a biologia?

Esse problema foi lançado pelos fundadores da mecânica quântica. Bohr tinha muita preocupação com a metodologia, mas essa não é uma coisa elaborada. Provavelmente as próprias teorias físicas não estão bastante ampliadas para essas coisas. Einstein era contra a mecânica quântica e dizia que se fosse esse o caminho a gente ia parar na parapsicologia. Logo, ele também pensou no assunto e por isso era contra.

Ele manteve uma discussão com Bohr até o final da vida, depois fiquei sabendo que todo esse horror pela mecânica quântica era porque ela levaria para a parapsicologia. Acho que, de certo modo, isso não ocorreu. Acho que entre a física e a biologia há uma passagem pela parapsicologia, que não está além da biologia, mas está além da física. Einstein imaginou uma experiência, queria mostrar como tudo aquilo era um absurdo, mas na verdade é uma coisa certa e que abre novos horizontes. Inclusive, foram feitas descobertas e parece que se aproximaram de alguma coisa do tipo parapsicológico, uma espécie de parafísica.

Se a gente for pensar em psique como "alma", isso parece uma coisa idealista. Dá uma ideia de algo inefável, imaterial...

Não há razão para essa preocupação. A meu ver esses fenômenos parapsicológicos, pelo menos alguns, não tem nada de espiritual, são fenômenos biológicos, não necessariamente espirituais.

Uma vez conversávamos sobre Goethe, e me recordo que você falou com entusiasmo sobre ele. Quando fiz a tradução das cenas finais do *Segundo Fausto*, para o meu livro *Deus e o Diabo no Fausto de Goethe*,

uma coisa que me impressionou muito foi a ideia goetheana de imortalidade. Para Goethe, a imortalidade estaria ligada à enteléquia, que é uma espécie de princípio vital. Goethe afirmava que sua ideia da imortalidade dizia respeito à "factividade", que se alguém se mantivesse ativo sempre, até o fim, a natureza ver-se-ia obrigada a encontrar outras formas de abrigar a enteléquia, após a morte biológica, uma vez que a natureza não pode dispensá-la. A enteléquia, a factividade vital, força a natureza a encontrar outras formas, é uma espécie de impulso à metamorfose perene. Essa é uma ideia de imortalidade extraordinária, porque é a ideia de que Goethe pode estar aí, na música das esferas, transformado em energia. Nessa altura, o fenômeno da imortalidade é matérico. Não é uma ideia religiosa, é parafísica. Eu diria que de repente a pessoa pensa naquilo que fica entre a física e a biologia. Se você for verificar etimologicamente, parafísica é um termo que está ligado a essa ideia do "ao lado de", do que esta junto sem ser o mesmo: nem física, nem biologia: o espaço "entre". Há uma parte do trabalho de Newton que é sobre alquimia. A química de hoje recolhe o ensinamento dos alquimistas, segundo Prigorgine. Parece que há uma recuperação constante na ciência. À medida que ela vai ficando mais moderna, vai recuperando coisas antes dadas

por obsoletas ou caminhos considerados fechados no passado. Uma preocupação dos alquimistas que era considerada erro, desvio, de repente acaba voltando. A divisa dos alquimistas era "Ignis mutat res", o fogo muda a coisa, lembra Prigorgine.

A ciência moderna retomou essa possibilidade de transformar um elemento químico em outro, que era dos alquimistas. É isso que a física nuclear faz hoje. Newton se preocupou muito mais com a alquimia do que com a física.

Como se explica que essa parte do pensamento dele tenha ficado recessiva?

Ela foi escondida por sua família. Muitos dos seus escritos foram considerados heréticos. Ele escreveu muito sobre religião e tinha um laboratório de alquimia, onde trabalhou muito até pegar fogo. Dizem que ele gastou mais tempo em alquimia do que em física. A sua personalidade era desconhecida, veio a se tornar conhecida através de Keynes. Houve um leilão de manuscritos, papéis que haviam pertencido a Newton, e Keynes arrematou esses papéis. Ele não imaginava a importância do que estava comprando. Estão sendo feitos estudos sobre ele atualmente.

Curioso, parece que um domínio em que o Goethe se opôs a Newton foi o da ótica. Em certa medida, o que Goethe estava propondo era uma teoria da Gestalt, de um certo tipo de percepção humana das cores, uma teoria da percepção e não das cores. Com isso, Goethe se insurgia contra a teoria de Newton porque ele, Goethe, não podia ir àquele nível de abstração, queria uma coisa mais tangível.

Não era bem assim. Goethe, ao que parece, era muito ligado a certos místicos da Pérsia, e eu acho que essa teoria das cores de Goethe se relaciona muito à mística iraniana, onde o sujeito vai fazendo experiências contemplativas e vai percebendo diferentes cores.

É a mística da luz. Talvez Goethe tivesse uma ideia unilateral do que pensava Newton. A ótica newtoniana era muito mais rica.

Até hoje em dia é muito difícil você ter uma ideia do que era o pensamento de Newton. Certamente Goethe não podia ter uma ideia exata do que fosse. Há apenas 20 anos, mais ou menos, que se começou a ter conhecimento mais aprofundado do que ele escreveu. Alguém que muito influenciou Newton foi Thomas Moore. Para Thomas Moore o espaço era Deus, o espaço era

a própria divindade. Isso influenciou profundamente
Newton. Há trechos de Newton onde ele fala da força
de gravitação, mas essa força era a própria presença de
Jeová, era Jeová que transmitia a força de gravitação.
Não era Jeová visto simbolicamente, era Jeová deus
de Israel. Esses grandes do começo do século XVII parece que não eram muito cristãos, parece que não se
interessavam muito por Cristo, se interessavam mais
por Jeová. Newton era protestante; Pascal era cristão,
mas quando morreu encontraram em seu pescoço um
saquinho onde estava descrita uma experiência mística
que ele tinha tido, nesse dia ele conheceu Jeová, Deus
de Abraão, Isaac e Jacó. Todos os físicos desse período
tinham uma grande influência bíblica.

**Parece que isto vai até Einstein, pois ele era um ho-
mem religioso nesse particular.**

Einstein era um homem religioso, mas sua religio-
sidade era diferente. Ele era um spinosista, mas parece
que também esteve ligado a outras filosofias. Spinosa,
no fundo, tem uma tendência materialista. Parece que
ele sofreu muita influência de Schopenhauer. Encontramos uma certa abertura oriental, sobretudo nos
grandes filosofos. O francês Albert Schweitzer tem um
livro muito interessante onde se dedica ao estudo das

ideias filosóficas. Ele fala da filosofia ocidental desde Spinosa até os nossos dias e acredita que não ocorre senão uma recapitulação da velha filosofia chinesa. Chega a afirmar que Spinosa é um pensador tipicamente chinês. A influência da filosofia chinesa foi muito grande no século XVII. Foram feitas traduções pelos jesuítas, e essas traduções de textos chineses influenciaram muito Spinosa. Parece que a filosofia de Spinosa é eminentemente chinesa. Na Idade Média havia uma ponte muito grande com o oriente. O Suzuki acha que o ocidental que mais se aproximou do budismo foi Meister Eckhart.

Peirce, o fundador da semiótica, quando queria explicar o problema da iconicidade da linguagem, do caráter "diagramático" ou de "ícone de relações" subjacente à sintaxe das línguas, fazia referência aos ideogramas, aos hieróglifos egípcios. Toda essa ideia do ícone, do analógico, da "primeiridade", é bastante oriental. Peirce era químico, matemático, lógico, e, ao mesmo tempo, um grande conhecedor de línguas. Era um fanático por estudar línguas. Ele citava as escritas ideográficas, em particular os hieróglifos, dizendo que, para o estudioso moderno, é importante considerar o "complexo pictórico" engendrado pelas ideias, mesmo nas línguas fonéticas. Eu queria lhe

fazer uma pergunta para não perder a oportunidade. Lendo uma entrevista sua em um dos livros que foram publicados no ano passado, chamou-me a atenção o seu entusiasmo por Euclides da Cunha. Saindo um pouco de onde estávamos, você diz que leu Euclides da Cunha com 13 anos e teve uma experiência marcante. Eu li mais tarde, com 17 anos, mas recordo que fiz um vocabulário do texto euclideano e lembro que, quando o livro terminou, eu queria que continuasse, não me conformei com o fim, pois aquilo me causou um impacto tão marcante, também, que durante um certo tempo não consegui ler outra coisa.

Eu gostei muito daquele livro e acho que é de longe o maior livro da literatura brasileira e talvez um dos maiores de toda literatura.

É curioso um aspecto que você tocou, pois Euclides ao mesmo tempo era um cientista e um escritor. Ele conseguiu levar para a prosa não o pensamento científico, mas as palavras, o vocabulário; o que criou um curioso barroquismo, um neobarroquismo, que era a mistura da linguagem científica com a linguagem literária, e com isso ele criou um estilo único. O *Grande Sertão: Veredas*, do Rosa, de certa maneira, é um repensamento de *Os Sertões*, claro que com outros parâmetros. Se há uma tradição que se mantém na literatura brasileira é essa escritura neobarroquista da qual *Os Sertões*, de Euclides da Cunha, é um exemplo ápice. É um livro que não pode ser classificado: não é romance, não é ensaio, é uma espécie de "epos" da ciência e da escritura. Talvez na poesia, a contrapartida seja Augusto dos Anjos, embora mais limitado. Com aquele cientificismo que lhe é peculiar, Augusto dos Anjos consegue ser popular e fazer uma poesia muito encantatória, quase talismânica! Graças a essa sonoridade, a essa tendência mágico-talismânica da palavra, conseguia fazer com que até mesmo pessoas de pouca instrução soubessem de cor os seus poemas, embora não entendessem nada do texto num sentido literal. Aliás, é um poeta não classificável também, porque não é modernista, e uma espécie de expressionista deslocado. Um pouco parecido com Euclides da Cunha nessa fusão da ciência e do literário.

Eu acho que Augusto dos Anjos tem muito mais influência filosófica que científica.

É um filosofia cientificista, uma vulgata. Constantemente ele traz termos que vêm da biologia, da física, enfim, da ciência da época e isso produzia um efeito estranhante.

Mas Augusto dos Anjos tem muita influência do budismo.

Talvez não fosse um budismo de fonte, acho que se tratava mais de uma coisa que trabalhava no nível da divulgação. Eu fiquei curioso com essa sua entrevista, porque você diz que foi um impacto que você sofreu menino ainda.

Uma das coisas que Euclides da Cunha deixou marcado em mim, foi logo no início do livro, quando ele fala sobre a formação do rio Amazonas. Ele faz um estudo científico da natureza. Ele era um homem muito moderno.

Sem dúvida, muito voltado para essa hibridização de gêneros, que é algo extremamente moderno. Ele fez um livro que não é nem romance, nem ensaio, e participa de ambas essas coisas. É curioso também que um dos poucos livros brasileiros que Borges leu foi *Os Sertões* de Euclides da Cunha. Eu acho que esse barroquismo estava já no espírito da língua, pois vinha dos *Sermões* de Vieira. Acho, pessoalmente, o Euclides um típico exemplo do que se poderia chamar "neobarroco". Aquela proliferação, aquele hibridismo, a mescla de jargão científico e prosa narrativa... Na América

Latina, a marca mais original de todas é o barroco. Nessa entrevista você fala também da arte plumária. Eu também fiquei deslumbrado com a arte plumária dos índios brasileiros. Como se pode dizer que no Brasil não havia uma tradição para a pintura construtivista, ótica, cromática? A arte plumária mostra o contrário. Mostra que existe aqui uma pré-história disso tudo e ao mesmo tempo é "pré-barroquisante", porque é muitíssimo anterior ao barroco histórico. É um sentido do ornamental, não do ornamental decorativo, mas do ornamental como atividade lúdica, prazerosa, como uma prática ao mesmo tempo ritual e existencial. Uma coisa incrível, que eles conseguem fazer a partir de elementos mínimos, geométricos.

Acho que há uma outra coisa que precisa ser dita. Há uma série de indícios que nossos índios tinham tradições orientais. Há pouco tempo fiquei sabendo que os índios do Brasil fazem acupuntura. Quase todos esses índios aqui da América do Sul fazem acupuntura. Só que no Peru, eles fazem com agulha de pedra, e aqui no Brasil fazem com espeto de madeira. Tenho a impressão de que a acupuntura faz parte de um extrato bem antigo das civilizações orientais, e que essas tribos que imigraram para cá tenham trazido muitos elementos.

Encontrei índios que pareciam chineses, ali do lado da Amazônia. Acho que existe aqui no Brasil um certo extrato oriental, não ao racial, mas até com certos elementos culturais que devem ter sido trazidos pela raça mongólica. Inclusive, existe uma suspeita de que esses homens americanos tenham vindo da Ásia, através do estreito de Bhering. A arte plumária é algo que realmente me toca, de uma maneira muito profunda.

Tem algo de caligráfico no jogo das cores e das plumas, das formas elementares. É uma pictografia quase...

Eu acho de uma força fantástica.

Você tem razão: há muito de oriental nela. A tensão para o gesto caligráfico, para um ideogramário de formas elementares.

Talvez seja de um Oriente muito mais antigo do que este que nos conhecemos.

O Oriente do Oriente. O Arqui-Oriente. Um UR-O-riente. Um Oriente antes do atual Oriente. O Julinho Bressane gosta de imaginar isto em certos filmes dele...

O Quanta e a Música

Conversa com Gilberto Gil, Jorge Mautner
e José Luiz Goldfarb, 1984.

[Mautner] Eu gostaria que o senhor falasse sobre o cérebro de réptil. Na última vez que estivemos juntos, o senhor falou sobre isso e eu achei interessantíssimo.

O que se sabe é que temos várias espécies de cérebro. Nós não temos um cérebro só, ou seja, existem camadas muito antigas. Nós teríamos uma parte do cérebro que seria como é o cérebro do réptil, e existem outras camadas mais novas, como a camada da racionalidade que é bem recente. O cérebro de réptil se encontra na região chamada hipotálamo, e esta região estaria ligada com o sexo e com outras coisas. Parece que essa região já vem do réptil e se conserva no homem. Enquanto o córtex funciona eletricamente, essa parte funciona quimicamente, ou seja, os neurônios secretam substâncias fazendo com que o pensamento formado ali seja totalmente diferente. As descobertas atuais da medicina se referem a isso, embora os chineses já soubessem há muitos anos, assim como a acupuntura que só agora a Europa vem descobrindo. Sabemos que até os índios trouxeram da Ásia para cá, em toda a América encontramos índios que praticam a acupuntura, o que varia é o material: madeira, pedra. Sabe-se que os povos que estavam aqui eram de origem asiática mesmo. Esse tipo de acupuntura e tudo o mais pertencem à medicina que eles chamam de mística.

[Mautner] Outra relação que se nota é a semelhança da cantoria do pai de santo do candomblé com os rituais da religião judaica.

Certa vez um pai-de-santo me falou que o candomblé é uma religião muito mais velha que o cristianismo. Mas com relação ao judaísmo aconteceu um fato muito interessante. Eu estava certa vez na Bahia e encontrei um pintor, amigo meu, que me contou que havia uma mãe de santo cujo filho fazia o sacrifício de animais no terreiro dela. Certo dia começou a ficar neurótico, dizia que todos iam lá, descarregavam seus pecados e que tudo ficava nele. Não sei o que deu nesse meu amigo de procurar na Bíblia, em um dos livros de Moisés, justamente onde fala do sacrifício de animais. No texto dizia que quando se estava fazendo o sacrifício do animal o sacrificador tinha que ficar batendo o pé na terra e era como se estivesse descarregando. Meu amigo ficou todo entusiasmado e foi procurar o rapaz, e viram que na Bíblia tinha uma oração que o sacrificador deveria fazer na hora do sacrifício e perceberam que era a mesma oração que o outro fazia em língua nagô.

Parece que essas religiões seriam religiões asiáticas que depois passaram para a África, e o candomblé tem origem aí. Talvez essas religiões africanas tenham vindo daquele lado da Arábia, passaram para a África e depois vieram para cá. Possivelmente existem religiões africanas, mas devem ser mais primitivas.

Eu conheci um pai de santo em Araraquara que defendia a tese de que todas as religiões teriam a sua origem no Tibete, que lá seria o centro de difusão. Dizem que o próprio Abraão veio de lá e chegou a morar um tempo, e mesmo Cristo teria passado por lá em um determinado momento da sua vida em que desapareceu. Quando li sobre a crucificação, achei estranho que Cristo tivesse morrido tão depressa, parece que ele ficou mais ou menos seis horas na cruz, e o suplício durava muitos dias. Ultimamente uma questão polêmica refere-se ao Santo Sudário, pois fizeram um exame e chegaram a conclusão de que Cristo não deveria estar morto, pois o sangue estava escorrendo.

[Gil] Eu gostaria de perguntar o que o senhor acha hoje da física que se desenvolveu a partir de Einstein, a partir da relatividade, desse momento de modernização. Como está a física hoje? O que há de reais avanços? E as relações da física com a política?

Esse assunto é muito amplo e com muitos aspectos. A física, sendo uma ciência fundamental da natureza, tem importância muito grande, de aspectos que vão da pura pesquisa até a produção industrial. Foram as descobertas de física moderna que tornaram possível as bombas atômicas e as outras armas nucleares, e os físicos sempre sentiram essa responsabilidade, tanto que em todas as manifestações pacifistas os físicos tem participado para alertar a opinião pública. Existe uma responsabilidade específica de cada setor e os físicos já tomaram consciência da sua.

[Gil] Qual é sua avaliação sobre essa discussão que se tem hoje sobre o fato de ter a física chegado a um impasse pelo fato de ter esgotado suas possibilidades de desenvolvimento? Estamos vivendo um período tardio da física, em que as formas se repetem? Di-

gamos que já não há o brilho da intuição profunda no sentido de novas descobertas, ou seja, que esse modelo ocidental da física estaria esgotado?

A física tem conseguido realizar progressos muito grandes. Não acho que tenha havido muita estagnação. O problema atual se refere ao próton, ou seja, que o próton seria instável e que depois de um certo tempo se decompõe. Isso implicaria que pelo menos a matéria, no sentido comum, não é uma coisa eterna, porque depois de um certo tempo os prótons se desintegrariam. Não quer dizer que a matéria toda se decompõe. Há determinados momentos onde a física dá saltos mais consideráveis. Deu um salto com relação às partículas elementares. Descobriu-se que o próton não era uma partícula simples, mas que era constituído por outras partículas. Tudo isso já foi confirmado experimentalmente. Recentemente também surgiu uma outra teoria, sobre a unificação das forças eletromagnéticas. A física está procurando unificar todos os tipos de força que existem. Essa unificação geral não existe até agora.

[Gil] Mas há possibilidades dessa formulação?

Tem havido unificações parciais. Essa teoria apareceu há vários anos atrás e foi confirmada experimentalmente agora. Tem havido revoluções profundas como aquela da teoria da relatividade e da nova mecânica dos quanta. Tem havido também descobertas em outras áreas, como na estrutura das partículas elementares e questões sobre a criação do universo.

[José Luiz Goldfarb] E sobre aquela questão da unificação da biologia com a física que o senhor conversava com Haroldo de Campos?

Esse é um assunto para ser pensado ao longo de muitos anos. Eu sei que não tem havido nenhuma ruptura essencial, e nessa parte relacionada á biologia não houve grandes revoluções.

[Gil] A especificação cada vez maior não poderia ser vista como uma espécie de imobilismo? Como se a conceituação possível para essa civilização em termos de física, as possibilidades reais de descobertas, estivesse esgotada? Como aconteceu na cultura no mundo: um período de pura repetição, a especialidade tentando mascarar a impossibilidade de caminhar?

Tem havido grandes progressos que são essenciais, o que não quer dizer que não possa haver revoluções mais radicais, mais profundas. A revolução que aconteceu na física por causa da teoria da relatividade é algo que veio sendo preparado durante muitos anos, sendo o coroamento da teoria eletromagnética do século passado.

[Gil] Nesse sentido o que deverá acontecer? O que é que se percebe? Com essas pequenas descobertas o senhor acredita que se irá desembocar em uma outra grande descoberta?

Não são pequenas descobertas!

[Gil] Mas o senhor acha que esse novo conhecimento vá desembocar em outra revolução, ou melhor, o senhor tem a sensação de uma macrociência?

Há certas coisas fundamentais, mesmo em relação ao tempo, que foi problema da teoria da relatividade. Há outros aspectos relacionados com o tempo que estão ligados ao Segundo Princípio da Termodinâmica, problemas que já vinham desde o século passado. A lei do crescimento da entropia, por exemplo, não conseguiu ser provada, nem pela física nem pela teoria da relatividade. Sabe-se que e assim, mas não se sabe porque o tempo teria essa orientação. Pensava-se que a mecânica dos quanta iria resolver isso, mas não o fez.

[Gil] E a religião nisso? Isso não seria uma fronteira? Teríamos aí uma aproximação muito nítida entre a física e a metafísica?

Não compreendemos ainda porque o tempo é orientado, porque há essa orientação do tempo.

[Gil] Ou seja, não se pode mover no tempo a não ser para "adiante"?

Não se pode ir para o passado. Sabe-se que é assim, mas não foi esclarecido. Pode ser que esteja ligado ao Segundo Princípio da Termodinâmica que não se conseguiu provar nem pela física clássica, nem pela física quântica, embora não haja dúvida que existe.

[Gil] Onde é visto o cisma hoje?

A física não se desenvolve dessa maneira, isso seria mais um problema filosófico. Mas é possível que esteja sendo preparada alguma coisa que nos faça compreender melhor o tempo. Talvez essa compreensão melhor do tempo venha a ser fundamental para compreender melhor a vida.

O que se pode notar na física à partir do século XX é que ela foi absorvendo outras ciências que antes eram separadas, um grande sucesso nesse caminho foi a unificação da física com a química, o que antes não existia. A física, até a descoberta da nova teoria dos quanta, na década de 1920, não sabia explicar de onde vinham as forças de valência. Sabia que existiam, mas não sabia de onde vinham. Isso a nova teoria dos quanta permitiu explicar por volta de 1930.

Talvez seja um outro passo que a física tenha que dar seja na compreensão profunda da vida, que por enquanto ela não deu. Se bem que os físicos deram, mas não a física. Muitas das ideias da biologia moderna, chamada biologia molecular, foram introduzidas por físicos e não pela física. Heisenberg acha que esse problema da vida necessita de um outro tipo de tempo que não o tempo da física, pois o tempo da física não é o tempo histórico. Ele acha que quando a física tiver introduzido uma espécie de conceito de tempo histórico poderá realmente explicar a vida. O tempo histórico não é a mesma coisa do tempo do relógio.

[José Luiz] Como o senhor vê a interpretação de que a física dos quanta não é exclusivamente uma teoria ocidental na sua origem, pois já tem influência de outros pensamentos?

A física quântica justificou muitas ideias que já se

encontravam, por exemplo, na metafísica oriental. Se conseguiu mostrar que existe uma certa inseparabilidade, que é difícil de explicar, como se tudo no universo estivesse ligado, essa ideia é característica do pensamento oriental. Foi um trabalho extremamente original. É como se cada coisa estivesse dentro de todas as coisas.

[José Luiz] Interessante, pois Einstein não gostava disso.

Não. Essa ideia da inseparabilidade ele não chegou a conhecer. Ele chamou a atenção para uma determinada questão, mas já estava morto quando essa ideia foi introduzida.

[Gil] Qual era a questão que ele divergia?

Ele nunca aceitou muito essa teoria, apesar de ter sido um dos criadores da nova teoria dos quanta. Quando fez sua crítica, passou-se a estudar o ponto em questão com mais afinco e se chegou à Teoria da Inseparabilidade. Ele acabou abrindo o caminho para a compreensão dessa teoria, que e uma ideia muito antiga do budismo. Filosoficamente foi a coisa mais bonita que apareceu. A telepatia não foi compreendida, pois ela é uma propriedade da matéria viva, no sentido comum; entendê-la seria entender a vida.

[Gil] Esse unidimensionamento do tempo estaria aí?

Claro! A telepatia não é uma propriedade do cérebro humano, hoje em dia se sabe que existe até com micróbios. Aliás, a Igreja Católica já sabia disso há séculos. O próprio uso da água benta para curar estaria relacionado a efeitos ligados a parapsicologia. Hoje se sabe que com efeitos parapsicológicos pode-se atuar sobre micróbios etc. Provavelmente era o que a água benta fazia.

Pode-se pensar como verdadeira a ideia de que certas civilizações são muito criativas, e que ocorre um tempo em que declinam, como a Grécia, por exemplo. Há momentos em que se dão saltos na história da ciência, grandes revoluções científicas.

[José Luiz] O senhor dizia, certa vez quando terminou um curso na física, que no próximo século os estudantes de física iriam aprender música.

Muitos físicos ficaram indecisos se fariam física ou música. Max Planck, por exemplo, foi perguntar a seu professor se deveria estudar Física ou Música, pois estava indeciso, e o professor, bem pessimista, disse que não havia mais nada para estudar em física.

[Mautner] Você certa vez disse que teve a intuição do que iria ser. O que é isso? Tem algo a ver com esse outro tempo?

Esse é o tipo de coisa que não se pode explicar. Como e que a gente tem a intuição das outras coisas que vai fazer na vida? O caso de Einstein foi interessante, pois o gérmen para a Teoria da Relatividade ele teve com quinze anos. Ele imaginou uma experiência ideal: um observador que estivesse se movendo com a velocidade da luz. Se ele estivesse nessa velocidade, para ele a luz estaria parada. Mas como isso poderia ocorrer se era contrário à Teoria Eletromagnética onde o fenômeno da luz é uma onda em propagação? Foi o ponto de partida que o levaria mais tarde a Teoria da Relatividade. Newton teve a maior parte de suas ideias sobre física quando estava mais ou menos com vinte anos. Houve uma peste na Inglaterra, a faculdade foi fechada, e ele acabou ficando no sítio de seu pai por dois anos e foi neste período que ele teve todas as suas grandes ideias Parece-me que as ideias revolucionárias a pessoa tem com uma idade bastante nova, depois vai desenvolvendo, pelo menos em física. Isso não quer dizer que não se possa fazer outras descobertas importantes mais tarde.

[Mautner] Voltando à relação entre a física e a música, eu me lembro que o senhor contou um fato sobre uma música estranha que ouviu, se não me engano foi na Indonésia?

Ceilão. Fomos certa vez para o Ceilão, onde existe um dos grandes templos do budismo. Quando chegamos lá, disseram que haveria uma grande festa no templo e para meu espanto não havia nada de reza. A única coisa que eles faziam era tocar uns tambores. Não falavam uma palavra, só batiam no tambor. Aquele tambor não tinha comparação no efeito que dava. Quando dava a batida era como se a gente estivesse sendo aberto de cima ate embaixo. Eles também têm sinos que tem sons incríveis. Não sei se é verdade ou não, mas dizem que no Tibete quando morria um daqueles grandes, os outros iam procurar a criança que deveria ser o sucessor. Não sei que critérios usavam, mas pegavam as crianças que julgavam ser, e o teste decisivo era o musical. Eles tocavam uma determinada música e viam qual era a reação da criança. Era pelo som que verificavam se era o Buda reencarnado na criança.

cadernos ultramares

9 786586 962697